Das kleine Buch

Das kleine Buch

...für ein frohes Weihnachtsfest

Mit Bildern von
Almud Kunert

Wilhelm Heyne Verlag
München

5. Auflage

Umschlaggestaltung: Christian Diener
Gedruckt auf chlorfrei geglättetem Werkdruck
Gesetzt in der 10 auf 12 Punkt Plantin
Satz: Kort Satz GmbH, München
Druck und Bindung: RMO, München
Printed in Germany

ISBN 3-453-08057-2

Inhalt

Gibt es einen Weihnachtsmann? 7

JEAN STUBBS
Schneesturm 11

ANNETTE WANNEMACHER
Nikolaus: Legenden und Bräuche 26

NATALIE BABBITT
Wie Akbar nach Bethlehem zog 29

HEINER UBER
Das Mysterium der Schokogenen 34

IRENE DIKKERS
Was essen wir bloß? 41

Rätsel 44

ALFONS SCHUHBECK
Klingenthaler Gänsekeulen 46

WERNER SCHNEYDER
Abschied vom Karpfen 49

ROSWITHA HAMADANI
Edgars Weihnachtsfest 59

Rätsel 60

UMBERTO ECO
Brief an meinen dreijährigen Sohn 61

Rätsel 74

O. Henry
Das Geschenk der Weisen 75

Dorothee Sölle
Lob in der schrecklichen Weihnachtszeit 87

Christine Nöstlinger
Weihnachtsgaben im Rückblick 88

Daphne Du Maurier
Fröhliche Weihnachten 90

Wenn Engel tanzen 106

Axel Frohn
Ein Tag im Leben eines Weihnachtsmannes 107

André Kaminski
Der Weihnachtsmann 111

Johannes Mario Simmel
Die schlimmsten Tage des Jahres 128

Rätsel 141

Quellennachweis 142

Gibt es einen Weihnachtsmann?

Die achtjährige Virginia O'Hanlon aus New York wollte es ganz genau wissen. Darum schrieb sie an die Tageszeitung »Sun« einen Brief:

»Ich bin acht Jahre alt. Einige von meinen Freunden sagen, es gibt keinen Weihnachtsmann. Papa sagt, was in der ›Sun‹ steht, ist immer wahr. Bitte, sagen Sie mir: Gibt es einen Weihnachtsmann?

Virginia O'Hanlon.«

Die Sache war dem Chefredakteur Francis Church so wichtig, daß er selbst antwortete – auf der Titelseite der »Sun«:

»Virginia, Deine kleinen Freunde haben nicht recht.

Sie glauben nur, was sie sehen; sie glauben, daß es nicht geben kann, was sie mit ihrem kleinen Geist nicht erfassen können. Aller Menschengeist ist klein, ob er nun einem Erwachsenen oder einem Kind gehört. Im Weltall verliert er sich wie ein winziges Insekt.

Solcher Ameisenverstand reicht nicht aus, die ganze Wahrheit zu erfassen und zu begreifen.

Ja, Virginia, es gibt einen Weihnachtsmann. Es gibt ihn so gewiß wie die Liebe und Großherzigkeit und Treue. Weil es all das gibt, kann unser Leben schön und heiter sein.

Wie dunkel wäre die Welt, wenn es keinen Weihnachtsmann gäbe! Es gäbe dann auch keine Virginia, keinen Glauben, keine Poesie – gar nichts, was das Leben erst erträglich machte. Ein Flackerrest an sichtbarem Schönen bliebe übrig. Aber das Licht der Kindheit, das die Welt ausstrahlt, müßte verlöschen.

Es gibt einen Weihnachtsmann, sonst könntest Du auch den Märchen nicht glauben. Gewiß, Du könntest Deinen Papa bitten, er solle am Heiligen Abend Leute ausschicken, den Weihnachtsmann zu fangen. Und keiner von ihnen bekäme den Weihnachtsmann zu Gesicht – was würde das beweisen? Kein Mensch sieht ihn einfach so. Das beweist gar nichts. Die wichtigsten Dinge bleiben meistens unsichtbar. Die Elfen zum Beispiel, wenn sie auf Mondwiesen tanzen. Trotzdem gibt es sie.

All die Wunder zu denken – geschweige denn sie zu sehen –, das vermag nicht der Klügste auf der Welt.

Was Du auch siehst, Du siehst nie alles. Du kannst ein Kaleidoskop aufbrechen und nach den schönen Farbfiguren suchen. Du wirst einige bunte Scherben finden, nichts weiter. Warum? Weil es einen Schleier gibt, der die wahre Welt verhüllt, einen Schleier, den nicht einmal die Gewalt auf der Welt zerreißen kann.

Nur Glaube und Poesie und Liebe können ihn lüften. Dann werden die Schönheit und Herrlichkeit dahinter auf einmal zu erkennen sein. ›Ist das denn auch wahr?‹ kannst Du fragen. Virginia, nichts auf der ganzen Welt ist wahrer und nichts beständiger.

Der Weihnachtsmann lebt, und ewig wird er leben. Sogar in zehnmal zehntausend Jahren wird er da sein, um Kinder wie Dich und jedes offene Herz mit Freude zu erfüllen.

Frohe Weihnacht, Virginia.

Dein Francis Church.«

PS: Der Briefwechsel zwischen Virginia O'Hanlon und Francis P. Church stammt aus dem Jahr 1897. Er wurde über ein halbes Jahrhundert – bis zur Einstellung der »Sun« 1950 – alle Jahre wieder zur Weihnachtszeit auf der Titelseite der Zeitung abgedruckt.

Jean Stubbs

Schneesturm

Freitag vor Weihnachten, als Sarah aus dem modernen Büroblock kam und in den neuen Verkehrskomplex hinaustrat, begann es zu schneien. Sie klappte ihren Mantelkragen hoch und drückte ihr Kinn in den weichen Pelz. Endlich einmal war die Zeit auf ihrer Seite. Wenn sie jetzt auch noch ein Taxi fand, schaffte sie es vielleicht zu dem Schnellzug nach Hause und konnte noch zu einer vernünftigen Stunde in dem griechischen Restaurant um die Ecke etwas Gutes essen – anstatt sich um elf Uhr nachts in ihrer Wohnung Rühreier zu machen und dazu einen Whisky zu trinken.

Sie war sehr schlank, sehr hübsch mit ihren eleganten Stiefeln, dem scharlachroten Mantel und dem kraftvollen Gang. Ihre Lederaktentasche verriet sie als Geschäftsfrau. Ihr helles Haar glänzte und hatte einen wunderbaren Schnitt. Das Gesicht war gepflegt und trug ein sorgfältiges Make-up. Sie wirkte elegant, teuer und unpersönlich.

Schneller und dicker wirbelten die Flocken. Als sie am Rand des immer weißer werdenden Gehsteigs stand und in den verschwommenen Verkehr starrte, fühlte sie sich wie eine kleine Figur inmitten eines Schneesturms in einem dieser Kindergläser.

Mit dieser Stadt verbanden sie ihre ersten Erinnerungen als Erwachsene. Hier hatte sie ihre Studienjahre verbracht, ihre erste Liebesbeziehung gehabt. Von hier aus hatte sie den Fuß auf die erste wichtige Sprosse der Erfolgsleiter gesetzt, die sie jetzt ständig weiter erklomm. Und doch war sie in den letzten sieben Jahren nie hierher zurückgekommen.

Seltsam, daß die Geschäfte sie jetzt unerwartet hierhergeführt hatten, zur selben Jahreszeit, in der sie Kit Nicholson kennengelernt hatte. Seltsamer noch, daß das neue Büro ganz in der Nähe des Platzes lag, an dem sie mit ihm zusammen gewohnt hatte...

Blicke niemals zurück, dachte sie. Und winkte einem Taxi, das ungerührt weiterfuhr.

Als wäre ich nicht vorhanden, dachte sie.

Und auch das war seltsam: denn sie teilte die Menschen immer in solche ein, die ein Taxi kriegten, und in solche, die keins kriegten. Und sie hatte immer eins gekriegt. Kit Nicholson dagegen hätte ewig am Rinnstein stehen und winken können, ohne daß irgend jemand auf ihn aufmerksam geworden wäre.

Es war unsere Verschiedenheit, die uns zusammengebracht hat, dachte sie, und unsere Verschiedenheit, die uns auseinandergebracht hat. Nicht daß es jetzt noch von Bedeutung war, sieben Jahre später. Nicht im mindesten. Ich habe es inzwischen sehr weit gebracht.

Ein Taxi nach dem anderen rollte achtlos vorbei. Nach einer Weile überquerte sie zwei Verkehrsinseln, die es zu ihrer Zeit noch nicht gegeben hatte, und stellte sich auf die gegenüberliegende Straßenseite, um hier ihr Glück zu versuchen.

Hier waren sie am Samstagvormittag oft einkaufen gegangen, waren vom elegant heruntergekommenen Dover Square zu den kleinen Ladenreihen geschlendert, dem Zentrum dieser Wohngegend. Sie war überrascht, daß sie überlebt hatten. Sie hätte eine große Schreibwarenhandlung erwartet, einen Unisex-Friseur, einen Supermarkt, einen Wimpy Bar, ein Computergeschäft.

Relikte der Vergangenheit; neben May's Gemischtwarenhandlung, die auch Obst und Gemüse führte, sowie einer Nebenstelle der Post gab's noch immer den »Kupferkessel«. Der Waschsalon daneben hatte wie früher nicht mehr als vier Maschinen, von denen eine, wie üblich, »außer Betrieb« war. Und da war Jarvis's Spirituosenladen, von dessen trockenem Weißwein sie immer Zahnschmerzen bekommen hatte, und Marilyn's Haarstudio mit den beiden glühend heißen Trockenhauben. Und da, hinter ihr, Burnett's Zeitschriften und Tabakwaren, wo die Inserate und Anzeigen aus der Nachbarschaft im Schaufenster hingen.

An jenem Tag im Dezember, vor vielen Jahren, war Kit Nicholson gekommen und hatte sich, die Hände tief in den Taschen seines Dufflecoats vergraben, den Kragen gegen das kalte Wetter hochgeklappt, neben sie gestellt. Er hatte genau dasselbe gesucht wie sie: ein Zimmer zu einem Preis, den sich Studenten von ihrem Scheck leisten konnten. Und als ihre Augen gemeinsam die Nachrichten über entlaufene Hunde, gebrauchte Möbel und Küchenbenutzung durchforsteten, hatten sie es dort unten links in der Ecke entdeckt:

»Möbliertes Apartment mit Kochnische und Badbenutzung. Fünf Pfund die Woche. Wenden Sie sich an Mrs. Palfrey, 10 Dover Square, nach sechs Uhr abends.«

Die Uhr von der St. Martin's Church schlug vier Uhr. Vier Uhr an einem kalten weißen Nachmittag. Der Verkehr war in Schnee eingehüllt, kroch nur noch dahin, und kein Taxi in Sicht. Der Schnee fiel immer weicher und dichter. Ihre modischen Stiefel hinterließen jetzt Abdrücke auf dem Pflaster. Die weißen Flocken verwandelten ihren Pelzkragen in eine Federboa.

»Hier werden Sie kein Taxi bekommen, meine Liebe«, sagte eine untersetzte Frau, die mit Einkaufstüten für Weihnachten beladen war. »Versuchen Sie es weiter unten.«

Und so ging sie ein Stückchen weiter und erspähte auch ein Taxi in einer Seitenstraße, aber es stieg schon jemand ein. An der Ecke eines kleinen Parks fand sie ein anderes, aber der Fahrer sagte, er sei gerade auf dem Weg nach Hause. Dann bog sie hier um die Ecke und dort, bis sie sich völlig verlaufen hatte und wußte, daß der Zug ohne sie abgefahren war. Geschlagen blieb sie stehen, um Atem zu schöpfen, legte eine Hand auf das Eisengitter – und sah hinauf und zu den Fenstern des Zimmers im ersten Stock, das einmal kurz und intensiv ihre Welt gewesen war. Wem immer das Haus jetzt gehörte, die Mülltonnen standen noch immer draußen und quollen über, eine Beute für streunende Katzen. Im Hochsommer summten wohl Fliegen in den zerbeulten Dosen. Heute waren sie, wie sie bemerkte, vom Schnee freundlich zugedeckt.

Langsam ging sie den Weg zum Eingang entlang. Die Haustür war einen Spalt geöffnet. Wie eine Schlafwandlerin trat sie in den Flur und klopfte zögernd an.

»Kommen Sie herein! Es ist offen!« rief eine vertraute Stimme.

Und da war das alte Mädchen selbst, kein Quentchen verändert, in einem ihrer koketten Teekleider mit Rüschen und Seidenkreppärmeln. Sie führte noch genau dasselbe Leben wie früher. Auf einem angeschlagenen Teller lagen belegte Brote, auf dem Ser-

vierwagen dampfte eine frische Kanne Kaffee. Zum millionsten Mal zog sie die Tarotkarten zu Rate.

»Ich bin Sarah, Mrs. Palfrey. Sarah Clough.«

Die alte Dame schien in ihre Aufgaben versunken und gar nicht überrascht; sie sprach mehr mit den Karten als mit Sarah.

»Hallo, meine Liebe. Lange nicht gesehen. Wie viele Jahre ist das jetzt her? Ach, ist ja egal. Setzen Sie sich hin, hier, gleich neben mich.«

Sarah überwand ihre Unentschlossenheit und räumte zwei Katzen und mehrere Zeitungen von dem Sessel, der ihr zugewiesen wurde.

»Ich kann es nicht glauben«, murmelte sie. »Ich dachte, Sie wären längst...«

»Tot?« sagte Mrs. Palfrey listig. »Aber kein bißchen. So furchtbar alt war ich gar nicht. Ihr beide wart nur noch so jung. Sagen Sie mir, welches Zeichen Sie sind. Das hab' ich vergessen.«

»Löwe, Mrs. Palfrey.«

»Oh, ja, natürlich – der noble Herrscher. Sie wußten immer ganz genau, was Sie wollten, und sind schnurstracks darauf losgegangen. Guter Job, gute Kleider, gutes Essen, eine gute Adresse. Kurz« – sie schwenkte die weiten Ärmel – »la dolce vita! Nun?« Sie drehte sich um und sah sie zum ersten Mal an – »haben Sie ein süßes Leben, Sarah?«

»In gewisser Hinsicht – ja.«

»Viel Luxus, aber ein bißchen wenig Liebe?«

Sarah schwieg und streichelte mit gesenktem Kopf eine der Katzen.

»Ein verheirateter Mann«, sagte Mrs. Palfrey und studierte ihr Gesicht, »muß Weihnachten immer mit seiner Familie verbringen. Das ist ein ungeschriebenes Gesetz, wissen Sie.«

»Wir werden Weihnachten zusammen feiern«, entgegnete Sarah trotzig.

»O nein, das werden Sie nicht«, sagte Mrs. Palfrey. »Er hat zwar genug von der Ehe, aber er will, daß alles so bleibt, wie es ist! Zwilling, wie?« fügte sie hinzu. »Das dachte ich mir. Die haben gern einen kleinen Flirt. Jetzt der andere. Dieser nette Bursche, der mir immer die Sicherungen reingeschraubt hat...«

»Kit Nicholson.«

»Ja, Kit – er war Wassermann, ein komischer Kauz. Er liebte seine Freiheit. Viel Talent und keine Kompromisse. Sie haben die Ordnung geliebt, und er das Abenteuer. Das ist immer heikel.«

»Tage jugendlicher Unerfahrenheit!« sagte Sarah und versuchte zu lächeln.

»Schönwettertage! Wie es vorher und hinterher keine mehr gegeben hat, darauf könnte ich schwören. Er war die Luft, und Sie der Ballast. Ihr beide zusammen hättet einen wunderbaren Ballon abgegeben. Aber ihr wart noch zu jung, um es zu wissen, und zu unerfahren, um es zuwege zu bringen!«

Sarah beugte den Kopf über die Katze. Der Zug fuhr aus dem Bahnhof, irgendwohin, an einen Ort, den sie ihr Zuhause nannte, aber es hatte für sie kein Zuhause gegeben seit diesem hier.

»Das Zimmer steht leer. Wollen Sie es sehen? Die Putzfrau hat es heute morgen sauber gemacht. Es macht Ihnen doch nichts aus, wenn ich nicht mitkomme? Die vielen Stufen. Das macht mein Herz nicht mit. Ich sehe Sie dann, wenn Sie wieder herunterkommen.«

Sie redete jetzt mit Sarah, wie sie damals mit ihnen beiden geredet hatte. Sie und Kit waren zusammen die schäbige Treppe hinaufgestiegen, beide fest entschlossen, dem anderen nicht nachzugeben, Mrs. Palfrey die Entscheidung zu überlassen, wer von ihnen das Zimmer haben sollte.

Das Zimmer war ihnen sehr groß und anziehend erschienen. Die langen, ausgeblichenen Vorhänge waren zu ihrer Zeit hübsch gewesen. Die hohen Fenster führten hinaus auf den Dover Square, der in winterliches Weiß gehüllt war. Eine Stellwand mit einem Durchgang trennte das Zimmer in zwei Hälften. Dahinter lag die Kochnische, die früher ein Kleiderschrank gewesen sein mußte. Trotzdem, an dem einen Ende stand ein sehr alter kleiner Gasherd, und an dem anderen gab es einen winzigen Ausguß aus Porzellan; ringsherum Regalfächer an den Wänden, zu denen vielleicht ein großer Mann hinaufreichte, wenn er sich streckte. Das Bad zur Mitbenutzung lag auf einem anderen Treppenabsatz.

»Mit einem Boiler, der entweder tropft oder explodiert«, sagte Kit, der in diesen Dingen Erfahrung hatte.

Er hatte dunkelblaue, wache Augen und einen sensiblen Mund. Offensichtlich hatte er vergessen, sein dunkles Haar zu kämmen. Seine Kleidung sah aus wie zufällig übergeworfen, anstatt ausgesucht. Sie kam zu dem Schluß, daß er ritterlich sein könnte.

»Ich würde alles dafür geben, dieses Zimmer zu kriegen«, sagte Sarah ehrlich, aber unfair. »Ich brauche meine Ruhe.«

Er taxierte sie auch, nicht wie ein hübsches Mädchen, sondern wie einen Mitmenschen.

»Geht mir ganz genauso«, sagte er einfach. »Ich brauche meine eigenen vier Wände.«

Eine Studentenzeit des Zusammenlebens, mit unzulänglichen Unterkünften und neugierigen Wirtinnen, lag hinter ihnen beiden.

Dann fügte er hinzu: »Ich schätze, wir sitzen beide im selben Boot. Wenn wir verstehen, was damit verbunden ist, könnten wir es uns vielleicht teilen. Rein von Mensch zu Mensch.«

Er wurde praktisch. »Sehen Sie – dieses Zimmer hier, das waren früher einmal zwei Zimmer. Das hier sind Falttüren. Vielleicht lassen sie sich ganz zusammenziehen.«

Plötzlich schätzte Sarah, ganz geschäftsmäßig, die Situation ein.

»Einer von uns hätte ein Sofa zum Schlafen und eine Aussicht auf den Dover Square. Der andere bekäme das Bett und leichten Zugang zur Küche.«

»Ich koche nicht oft«, sagte Kit, ängstlich bemüht, Hindernisse aus dem Weg zu räumen.

Sie dachte, daß er auch nicht so aussah, als würde er viel essen, sagte es aber nicht. Sie selbst aß gern und kochte auch gut. »Ich schätze, wir könnten es hinkriegen«, erklärte sie.

»Ich sage Ihnen was – Ich werde mir von der verrückten Madame Sosostris unten ein Ölkännchen ausleihen und sehen, ob ich die Scharniere loskriege!« rief er.

Nach wenigen Minuten zogen sie die Türe zusammen und machten aus dem Apartment zwei getrennte Zimmer. Sie wischten sich die Hände ab und grinsten sich triumphierend an.

»Diese Hütte im Garten ist in einem wirklich üblen Zustand«, sagte er. »Hier gibt es niemanden, der sich um das Haus kümmert, das ist mal sicher. Wenn ich ihr anbieten würde, mich nützlich zu machen – ein bißchen den Zaun flicken, den Dschungel lichten –, würde das alte Mädchen vor unseren häuslichen Arrangements, glaube ich, die Augen verschließen. Allerdings wage ich zu behaupten, daß uns niemand glauben wird, aber das geht nur uns was an.«

»Aber was werden meine Eltern sagen?« fragte Sarah erschrocken.

»Wo wohnen sie denn?« erkundigte er sich rasch.

»Ungefähr zweihundert Meilen von hier.«

Er setzte ein liebenswürdiges Lächeln auf, das Sarah erwiderte. Dann sagte er: »Meine auch. Falls sie uns je besuchen kommen, können wir uns etwas einfallen lassen.«

»Gut, in Ordnung. Wenn Sie wirklich von Mensch zu Mensch meinen...«

Die sechste und die elfte Stufe knarrten noch immer, und Sarah trat aus rein nostalgischen Gründen besonders fest auf. Sie holte tief Luft. Dann machte sie die Tür auf und blickte auf die Nachwirkungen einer Feier.

Offensichtlich hatte Mrs. Palfreys Putzfrau dieses Zimmer ausgelassen. Die Vorhänge waren noch zugezogen. Der Kronleuchter von Woolworth funkelte fröhlich von der Decke. Niemand hatte die Weingläser abgewaschen oder die Chablis-Flasche weggeräumt. Auf dem grünbespannten Kartentisch vor dem kalten Gaskamin lagen noch die Reste eines abendlichen Picknicks. Über dem Kamingitter hing eine Kette aus durchsichtigen schmeichlerischen Perlen. Auf dem grünen Kaminsims aus Marmor lag, hübsch ordentlich, eine Männeruhr.

So tief hatte das Zimmer seine Bewohner in sich aufgenommen, daß sie es nur für einen Augenblick verlassen zu haben schienen. Sie erfüllten die Luft mit ihrem Leben, so daß sie sich wie ein Eindringling vorkam und ihr das Herz weh tat. Sarah drehte sich auf dem Absatz um und wollte wieder gehen, blieb dann aber stehen, weil sie sich an die Perlen erinnerte.

»Ich habe sie gekauft, weil ich gesehen habe, wie verlangend du sie angesehen hast!« sagte Kit und bemühte sich, belustigt und gleichgültig zu klingen.

»Aber gestern hattest du nicht mal genug Geld, um *Würstchen* zu kaufen, wieso kannst du sie dann heute gekauft haben?« rief sie. »Oh, aber sie sind wunderschön! Woher hast du gewußt, daß ich sie mir so sehr wünsche? Das konntest du gar nicht wissen!«

»Soll ich sie dir umlegen?« fragte er schüchtern.

Genauso schüchtern nickte sie. Ihre Nähe und ihr Schweigen verstärkten ihr Wahrnehmungsvermögen. Sie fühlte seine Wärme, hörte fast seinen Herzschlag. Er war so konzentriert, daß er den Atem anhielt. Seine Fingerspitzen strichen über ihren Nacken, und es fühlte sich an wie ein Brennen.

»Da!« sagte Kit. »Das ist mehr wert als eine Pakkung Knaller!«

Das Mädchen starrte in den großen Spiegel über dem Kamin und sah, daß es sehr schön war. Und das Bild des Jungen starrte demütig daraus zurück, fast von Ehrfurcht ergriffen bei dem Gedanken, diesen Augenblick selbst herbeigeführt zu haben.

»Hab' noch nie einer Frau Juwelen geschenkt«, murmelte er.

Das Wort »Juwelen« amüsierte sie, denn wenn die Perlen echt gewesen wären, hätten sie ein Vermögen gekostet. Sie drehte sich um und lachte. Dann schämte sie sich und senkte den Kopf. Als habe sie es ihm erlaubt, schob er den Vorhang ihrer langen, hellen Haare auseinander und küßte sie zum allerersten Mal.

Verwirrt zog Sarah die Vorhänge zurück, damit das Licht die Erinnerungen zerstreuen solle, aber das Zimmer wollte seine Vergangenheit nicht aufgeben. Das ungemachte Bett in der anderen Hälfte des Zimmers wies Anzeichen von zwei Personen auf.

»Gott sei Dank leben wir jetzt in Sünde. Diese Sofafedern waren grausam«, hatte Kit an jenem ersten Morgen gesagt.

Ihre Kleider hingen über dem Messinggestell am Fußende. Hatte sie wirklich grün-rot gestreifte Unterwäsche getragen? Ja, vor langer Zeit. Auf dem Fensterbrett lagen Bücher, die sie vergessen hatte. Von ihm und von ihr. In dem Schrank, den sie Küchenbüfett genannt hatten, standen ihre Teller mit Resten von Eiern und gebratenem Schinken in Butter.

In seinem Bemühen, sich an alles zu erinnern, hatte das Zimmer die Jahreszeiten durcheinandergebracht. In dem grünen Wasserglas stand die karmesinrote Rose, die er ihr zum Geburtstag gekauft hatte. Auf der Fensterbank nach vorne raus lag hoher Schnee. Im Garten hinter dem Haus blühten Narzissen. Der Kalender meldete Oktober.

Sarah drehte sich vor dem fleckigen Spiegel einmal um sich selbst und sah den Mann in der Tür, der ungläubig auf sie und ihr Geisterzimmer starrte. Sie sprachen miteinander, als wären sie nie weggewesen. »So wichtig waren wir dem alten Mädchen also«, sagte Kit und sah sich langsam um. »Sie muß zusammengebrochen sein, als wir fortgezogen sind.«

»Aber das ist es gar nicht!« rief Sarah. »Sieh aus dem Fenster!«, und sie zog ihn am Ärmel, wie sie es immer getan hatte.

»Großer Gott, Sarah!« sagte Kit sichtlich erschüttert.

»Und wieso bist du gerade jetzt hierhergekommen?«

»Ich bin wegen eines Interviews unterwegs, aber die Busse schienen alle wie vom Erdboden verschluckt, und ich bin immer in die falsche Richtung gegangen.«

»Ich bin ja nicht gerade ängstlich«, sagte Sarah, »aber was können wir tun, um wieder zurückzufinden. Ach, Kit, ist Mrs. Palfrey echt?«

»Laß uns runtergehen und nachsehen.«

»Wir gehen jetzt in den »Kupferkessel«, um zu reden«, sagte sie zärtlich zu ihrem treuen Zimmer.

»Vielleicht gibt es den gar nicht mehr«, sagte Kit, »aber worauf die himmlischen Mächte anscheinend aus sind, ist die Sache mit dem Zusammensein.«

Er sah die Perlen. »Soll ich sie dir umlegen?« fragte er vorsichtig.

»Nicht nötig«, sagte sie. »Ich hab' sie immer an mir.« Und sie machte ihren feinen Pelzkragen auf, um ihm die Kette zu zeigen, die er ihr vor all den Jahren geschenkt hatte.

»Natürlich«, sagte Kit, der ihre Schwächen kannte, lächelnd, »würde niemand glauben, daß es keine echten Perlen sind. An *dir*.«

Annette Wannemacher

Nikolaus: Legenden und Bräuche

Um die Gestalt des Nikolaus, Bischof von Myra (Lykien), der in der ersten Hälfte des vierten Jahrhunderts lebte, ranken sich zahlreiche Legenden. In diese sind auch Züge aus den Lebensgeschichten gleichnamiger Heiliger, zum Beispiel des Abtes Nikolaus von Sion (6. Jahrhundert), eingegangen.

Die Nikolausverehrung breitete sich in der griechischen und russischen Kirche, später in ganz Europa aus. Nikolaus wird zu den 14 Nothelfern gezählt: Er ist Schutzherr der Gefangenen, Bäcker, Apotheker, Schiffer, Kaufleute und Juristen und auch Patron der Kinder und Schüler. Fahrende Scholaren soll er einst zum Leben erweckt haben, als sie auf ihrer Reise von einem Wirt ermordet und in einem Faß eingepökelt worden waren.

Im Anschluß daran entwickelte sich das Knabenbischofsfest der spätmittelalterlichen Klosterschulen: Am 6. Dezember wurde unter den Schülern ein Kinderbischof gewählt, der für 24 Stunden die Herrschaft übernahm.

Dem Nikolaus, Bekämpfer des Bösen, wird beim **Einkehrbrauch,** bei dem die Kinder geprüft und daraufhin belohnt oder bestraft werden, ein gebändigter Teufel als Knecht beigegeben, der (je nach Landschaft) Ruprecht, Butterklaas, Krampus, Kinderfresser, in tierischer Gestalt Klapperbock, Habergeiß genannt wird.

Der **Einlegbrauch,** bei dem Nikolaus seine Gaben in die bereitgestellten Schuhe der Kinder legt, ist seit Beginn des 16. Jahrhunderts bekannt. Er entwickelte sich aus der Legende von den drei armen Jungfrauen, die der Nikolaus durch ein Geschenk (drei goldene Äpfel) vor der Prostitution bewahrte.

Im 19. Jahrhundert erfuhr der Nikolausbrauch eine wesentliche Veränderung: Züge des Kinderschrecks Ruprecht (ursprünglich mit Kette und Rute) und des Kinderfreundes Nikolaus wurden in der Figur des **Weihnachtsmanns** vereint. Der Weihnachtsmann mit weißem Bart, pelzbesetztem roten Mantel, Pelzmütze und Gabensack erscheint erstmals in Bilddarstellungen des 19. Jahrhunderts. Er trat als greiser Kinderfreund zuerst in Norddeutschland auf. In den angelsächsischen Ländern entspricht dem Weihnachtsmann der Santa Claus oder Father Christmas, in Frankreich der Père Noël, in Schweden der Juletomte, in der slawischen Welt Väterchen Frost.

Eine Tradition, die auch auf den Weihnachtsmann zurückgeht, ist der Spekulatius. Ein Beiname des Bischofs war »Speculator«: der in geistige Betrachtung Versunkene. Da alte Holzformen meist den reitenden Nikolaus darstellten, soll sich der Name auf das Gebäck übertragen haben.

Natalie Babbitt

Wie Akbar nach Bethlehem zog

In der Hölle gibt es keine Kamele. Eigentlich sollte man meinen, daß es dort welche gäbe, denn Kamele haben haarsträubende Mucken. Von Anfang an, schon als noch alles neu war auf der Welt, gaben sie sich kratzbürstig, und daran hat sich bis heute nichts geändert. Von morgens bis abends tun Kamele nichts anderes, als übelgelaunt und ächzend in der Wüste herumzustiefeln, nach ihren Kindern zu treten – die jedesmal zurücktreten – und sich mit einer Stimme zu beklagen, die alles andere als wohltönend klingt. Dennoch gibt es in der Hölle keine Kamele. Jetzt jedenfalls nicht mehr.

Vor langer Zeit aber, als die Hölle noch dünn besiedelt war, gab es dort auch ein Kamel, ein großes, zotteliges Biest namens Akbar. Es war ein Ort ganz nach seinem Geschmack. Akbar war des Teufels Lieblingstier und konnte sich nach Lust und Laune frei bewegen. Es murrte und nörgelte überall herum und kräuselte über jeden verächtlich seine lange, gespaltene Lippe.

»O Akbar!« sagte der Teufel gelegentlich. »Was bist du doch für ein Trost!«

Akbar rümpfte darauf die Nase und zeigte zum Zeichen seiner Respektlosigkeit seine gelben Zähne, worüber der Teufel jedesmal so lachen mußte, daß er

es ungestraft durchgehen ließ. Es war wie ein nettes kleines Abkommen zwischen den beiden.

Eines Nachts, als auf der Welt Winter herrschte, erschien ein merkwürdiges Licht am Himmel, das dort noch nie zu sehen gewesen war. Alle in der Hölle, Oberunterteufel und Unterteufel und Teufelchen unterschiedlichsten Alters versammelten sich im Thronsaal, um zu erfahren, was es damit für eine Bewandtnis habe.

Der Teufel hatte das Licht auch gesehen und war fassungslos, obwohl er sich das nicht anmerken ließ.

»Es ist nur ein Stern«, sagte er. »Ihr habt doch alle schon einen Stern gesehen?«

»Aber keinen solchen«, sagten die Unterteufel. »Nie! Wir wissen nicht, was wir davon halten sollen.«

Und eines der jüngsten Teufelchen begann zu weinen.

»Es bedeutet nichts, glaubt mir«, sagte der Teufel barsch. »Marsch ins Bett, und laßt mich in Ruhe.«

Doch als sie gegangen waren, kletterte er aufs Dach seines Thronsaals und starrte auf das merkwürdige neue Licht am Himmel über der Welt, denn er wußte nur zu wohl, was geschehen war. Ein Kind war dort oben geboren worden, das ihm für alle Zukunft nichts als Verdruß bringen würde.

»Verdammt und zugenäht!« sagte der Teufel zu sich. »Ausgerechnet jetzt, wo es mit mir so schön bergauf geht.«

Wenn dieses Ereignis für den Teufel auch deprimierend war, so empfand er doch eine gewisse Neugier. Eines dunklen Nachts nicht lange danach verkleidete er sich als Araber, kletterte zwischen Akbars Höcker und ritt auf ihm hinauf in die Welt, um selber zu sehen, wie sich die Dinge dort entwickelten. Sie zogen von einer kleinen Stadt zur anderen und fanden jedermann so ruhig und friedlich, daß der Teufel sich ganz schwach und nutzlos fühlte.

»Nirgendwo Knatsch!« dachte er. »Überall das gleiche Bild!«

Doch er wagte es nicht, sich der einen kleinen Stadt zu nähern, über der das merkwürdige Licht am hellsten strahlte.

Sie gerieten in eine unbewohnte und trockene Gegend mit kaltem, schwarzen Sand und einem Wind, der den Teufel auf Akbars Rücken frösteln ließ. Ziellos umherirrend wälzte er immer noch sein Problem, als er nicht weit entfernt drei Lasttiere erblickte, die auf dem Kamm einer abgeflachten Düne vorüberzogen. Es waren Kamele, wie Akbar, doch sie trugen prächtig gewirkte Decken und waren mit Glöckchen und Troddeln behangen. Erhobenen Hauptes schritten sie dahin, und in ihren Sätteln, die aus Häuten und poliertem Holz gefertigt waren, saßen Reiter in

Kleidern aus heller, weicher Wolle, in Streifen und feinen Mustern gewebt, mit breiten, gestickten und goldverzierten Tressen.

Gold trugen die Reiter auch an den Fingern, und Gold schmückte ihren Hals. Einer hatte eine schmale, goldene Krone auf dem Haupt. Ihre Gesichter waren erleuchtet vom Glanz des Sterns, der jetzt tief am Himmel stand, und sie neigten sich ihm andächtig zu.

»Schau dir das an!« sagte der Teufel zu Akbar. »Die gehen dorthin, um das Kind zu verehren – da wette ich zehn gegen eins.«

Er versuchte, eine verächtliche Miene aufzusetzen, doch der Anblick verursachte ihm Unbehagen.

Anstatt mit ihm gemeinsam die Nase zu rümpfen, gab Akbar aus seiner gekurvten Kehle einen nie gehörten Laut von sich, ein zärtlich sanftes Blöken. Dann ließ er sich überraschend auf die kräftigen, knotigen Knie seiner Vorderbeine sinken und warf den Teufel in den Sand.

»Was soll das?« brüllte der Teufel. »Wie kannst du es wagen?«

Doch Akbar blieb, den zottigen Kopf zu Boden geneigt, knien, bis die königlichen Kamele aus seinem Blickfeld entschwanden. Dann richtete er sich wieder auf und ließ ein mächtiges, glückliches Gurgeln hören, Töne wie aus einer mit süßer Milch gefüllten Posaune, und trabte alleine weiter, immer auf der Spur der wundersamen Drei, dem glänzenden neuen Stern hinterher.

»Verdammt!« schrie der Teufel ihm nach. »Du kannst doch nicht auch noch dorthin gehen!«

Doch Akbar konnte. Und er tat es. Der Teufel aber scheute sich, ihm zu folgen.

Am nächsten Morgen, unten in der Hölle, fragte ihn jeder:

»Wo ist Akbar?«

Und der Teufel raunzte:

»Wen kümmert's? So jemand brauchen wir hier nicht.«

Und nie wieder war er versucht, sich ein Kamel zu halten.

HEINER UBER

Das Mysterium der Schokogenen

Sie fehlen in jeder Bevölkerungsstatistik. Will man Auskunft über sie, haben Einwohnermeldeämter nur ein ratloses Achselzucken übrig. Selbst Volkszählungen haben sie bislang glattweg übersehen. Und das, obwohl es sich mit über dreißig Millionen Vertretern ausschließlich männlichen Geschlechts um eine die Beamtenschaft erheblich übersteigende Bevölkerungsgruppe handelt. Soziologen erklären dieses Phänomen mit ihrem äußerst kurzen periodischen Auftreten. Und in der Tat: Während sich in den Monaten Januar bis Oktober weder im Straßenbild noch im privaten Bereich ein Hinweis auf diese Millionenschar erkennen läßt, erlebt der Bürger Jahr um Jahr parallel mit der ersten Erkältungswelle einen nahezu epidemischen Anstieg der Schokoladennikoläuse. In der Regel nur sechs bis maximal dreißig Zentimeter groß, sind die geballt auftretenden Winzlinge wohl wegen ihres roten Mantels, aber auch ob ihres langen weißen Bartes kaum zu übersehen.

Obwohl von jedermann geliebt, verschwinden sie nach diesem vorweihnachtlichen Intermezzo mehr oder minder spurlos. Bereits zur Jahreswende entdeckt man nur noch gelegentlich versprengte Exemplare. Nicht nur unter paläontologischen Gesichtspunkten ein Phänomen, das durchaus mit dem Aussterben der Dinosaurier vergleichbar ist, allein mit dem Unterschied, daß es sich beim Schokonikolaus mit einer Periode von genau zwölf Monaten wiederholt. Wem der Vergleich mit den Urgiganten weit hergeholt erscheint, mag sich vergegenwärtigen, daß die jährliche Lebendmasse aller Schokoladennikoläuse bei weit über tausend Tonnen liegt. Seit Jahrzehnten mit steigender Tendenz.

Historiker datieren das erste Auftreten dieser Spezies ziemlich genau auf das Ende des vergangenen Jahrhunderts. Die mit der Gründerzeit fortschreitende Industrialisierung leitete auch die Fertigung von Nikoläusen in Großserien in sogenannten Schokoladenfabriken ein. Die Vorgänger hießen noch Clausen-Männer. Denn auf den Backmodeln wurde häufig das Abbild des Heiligen auf einem Schimmel dargestellt. Manche der aus Hefeteig gebackenen Figuren wurden

noch in geschmolzene Schokolade getaucht, historisch gesehen eine Art Vorserienmodell zu den neueren, in komplizierter Fertigungstechnik hergestellten Hohlfiguren.

Allerdings unterschieden sich die damaligen Exemplare wesentlich von den heutigen. Den typischen Schokonikolaus der Kaiser- und Weimarer Zeit kennzeichnen buschige Augenbrauen und ein strenger Blick mit einer Miene, die sich noch nie zum geringsten Lächeln verzogen hat. Mit bereitgehaltener Rute ist er in bestem alttestamentarischen Sinn der Phänotyp des »gerecht Strafenden«.

Ganz anders dagegen der charakteristische Nikotyp am Ende unseres Jahrhunderts. Seiner sanft lächelnden Gesichtsphysiognomie ist sofort zu entnehmen:

Er hat sich mit antiautoritärer Pädagogik beschäftigt, er hat »Summerhill« gelesen und den 68er-Aufruhr mit Interesse verfolgt. Allein die Ähnlichkeiten in Haar- und Barttracht mit dessen führenden Protagonisten lassen den Schluß zu, daß der Schokonikolaus nicht isoliert von politischen, ökologischen und soziokulturellen Entwicklungen gesehen werden darf. Biederten sich noch in den konsumfreudigen und umweltunbewußten Siebzigern die schokosüßen Weihnachtsmänner, in allerlei Plastikschlitten sitzend und mit aufgeklebten bauschigen Polyurethanbärten, an, so sind heutige Gattungsvertreter eingefleischte Töpferianer, die sich auf ihr Alufolienoutfit den Grünen Punkt drucken lassen. Manche Bierdose kann dann mit Fug und Recht behaupten: »Ich war einmal ein Schokonikomantel.«

Aber auch das politische Tagesgeschehen geht nicht spurlos an den Schokonikoläusen vorbei. Der EG-Binnenmarkt ließ bereits jetzt eine Art europäischen Einheitstypus herausmutieren, der in den vergangenen Jahren diverse länderspezifische Varianten verdrängte. So gab es noch in den Achtzigern Exportmodelle, deren Alufolienfrack das schokoladene Grundmodell als österreichischen Krampus oder holländischen Schwarzen Piet einkleidete.

Mittlerweile sind Schokoladennikoläuse in diesem Punkt auf der Höhe der Zeit. Sie denken längst nicht mehr in engstirnig nationalen oder gar lokalen Kategorien, sondern gesamteuropäisch. Dennoch hält sie das Ausland für typisch deutsch wie Heidelberg, Hofbräuhaus und Schwarzwalduhr. Mehr noch, in manchen Weltgegenden haben sie sogar Indikatorfunktion: Wenn also im vorweihnachtlichen Teneriffa und auf den Malediven die ersten Schokoladennikoläuse auftauchen, dann ahnt der Einheimische bereits die Jumbojets voll teutonischer Kurzüberwinterer, lange bevor sie in Frankfurt gestartet sind.

Doch einerlei, ob Australien oder Augsburg, das bittere Ende der kleinen Süßen ist rund um den Globus bis ins Detail identisch. Meist wird es durch ein kraftvolles Abbeißen des Kopfes herbeigeführt. Erstbeißer sind häufig überrascht, daß eine nur knapp zwei bis drei Millimeter dicke Schokohaut ein Nichts an Leerraum umgibt. Eine mitunter ernüchternde Erfahrung, weiß man doch aus früher Kindheit, daß der richtige Nikolaus bis ins geringste Detail sämtliche Verfehlungen parat hatte. Wie in aller Welt speichert dieser Nikolaus all dies Wissen über Nasenbohren und Bonbonlutschen vor dem Essen in solch einem hohlen Kopf?

Natürlich ließen sich an diesem Punkt etliche Spekulationen über transzendentale Intelligenz anschließen. Doch all diese Überlegungen überdecken eine zentrale Frage, die sich die Menschheit stellt, seit sie um die Existenz des Schokonikolaus weiß. Obwohl die »genetische Ursuppe«, aus der sich Jahr für Jahr die Nikoläuse bilden, längst bekannt ist (im wesentlichen handelt es sich um Kakaomasse, Kakaobutter, Zucker und Milchpulver), steht der Laie wie die Gilde der Genforscher, Vererbungstheoretiker, Physiologen und Biochemiker vor einem bislang noch ungeklärten Phänomen. Denn nur wenige Monate nach dem Auftreten der Schokonikoläuse entwickelt sich aus den absolut identischen Bausteinen des Nikolauslebens eine gänzlich andere Kreatur, die sich von der vorliegenden Spezies durch einen zwar immer noch aufrechten, aber hoppelnden Gang, des weiteren

durch lange Ohren und einen Stummelschwanz unterscheidet: *Lepus paschalis chocoladis*, der Schokoosterhase.

Diverse Theorien, die den im Frühjahr sich verstärkenden Photoneneinfall von der Sonne oder periodische Veränderungen im Gravitationsfeld der Erde als Erklärungsmodell heranziehen, stehen auf wackeligen Beinen. Und auch das sich nach wie vor hartnäckig haltende, materialistisch orientierte Erklärungsmodell, es handle sich bei den Osterhasen lediglich um umgeschmolzene Nikoläuse aus unverkauften Restbeständen, hält einer genaueren Überprüfung nicht stand: Allein die Kosten für die Rückholaktion mit folgender Entaluminifizierung ließe die Gewinnmarge bei einem solchen Umschmelzosterhasen weit in den roten Bereich rutschen. Obendrein gehen Ladenhüter, sofern es diese überhaupt gibt, noch rechtzeitig vor der großen Bescherung in Kinderheime und Waisenhäuser.

Zuletzt in dieser Sache ein abschließendes Wort an Gerhard Polt: Bei allem Sinn für Humor – aber mit einem profan dialektischen »Nikolausi, Osterhasi?« ist dem Problem nicht gerecht zu werden. Ein derart flaches Diskussionsniveau hat der Schokonikolaus nicht verdient.

Irene Dikkers

Was essen wir bloß?

Eine der dringlichsten Fragen vor dem Weihnachtsfest ist nicht etwa der Friede auf Erden, sondern vielmehr: »Was essen wir bloß?« Ein jährlich wiederkehrendes Problem, weil wir ja nun einmal als Christen geboren sind. Mohammedaner und Buddhisten – ich stelle es mit einem Anflug von Neid fest – essen zu Weihnachten wie immer ihren Maisbrei oder gebackenen Fisch. Aber wir Christen müssen auf in den Kampf. Zwar braucht nicht mehr das ganze Haus geschmückt zu werden; auch das Silberputzen kann man sich schenken. Aber gutes Essen gehört zum Weihnachtsfest, ein Zwang aus uralten Zeiten, der in alle Ewigkeit nicht gebrochen werden darf. Fressen auf Erden und den Menschen ein Kohlgefallen wird zur immer teureren Pflicht, je mehr der Friede auf Erden und das Wohlgefallen der Menschen zerbrechliche Illusion bleiben.

So sind auf unserem Stück Erdball unmerklich die

besinnlichen Festtage zu frohen Freßtagen geworden. Weihnachtslieder, Krippenspiele, Weihnachtsmärkte, Kerzenziehen – alles schön und gut, aber die Hausfrau, immer mehr Martha als Maria, grübelt unterdessen prosaisch über dem Menüplan.

Hausfrauen haben es in der Weihnachtszeit immer schwer, selbst dann, wenn die Feiertage »gut liegen« und das Volk nur an einem Wochenende zu Hause gefüttert werden muß. Die verführerischen Weihnachtsmahlzeiten der Restaurants von fünfzig Mark aufwärts pro Gedeck sind für unsereins ja nicht gedacht; wohl eher für solche, die sowieso in die Karibik fliegen!

Wir heißen jedenfalls an diesen Tagen alle Martha und planen, schuften, backen und marinieren um unser Leben. So ist es nun mal der Brauch.

Die Tragik dabei ist nur, daß es immer mühsamer wird, obwohl wir doch so zielbewußt nach immer mehr Bequemlichkeit streben. Da ist zum Beispiel der Aufmarsch der biologisch-dynamischen Esser und der Vegetarier. Was gibt man denen zu essen? Einen makrobiotischen Rehrücken hat die Nahrungsmittelindustrie bislang anzubieten versäumt. Für die Zubereitung eines vegetarischen Weihnachtsmenüs mit hartgekochten verlorenen Eiern auf einem Bett ungespritzten Gemüses kann sich auch nur ein Verliebter oder Fanatiker erwärmen. Klares Wasser oder ein Säftchen statt funkelnden Weins geht natürlich, aber Romantik und Feststimmung zaubert es nicht gerade auf den Tisch.

Da sitzen wir also in der Patsche. Kein Frieden auf Erden, alles teurer und die westliche Welt mit Alternativen oder Fettwänsten bevölkert, die es nicht wagen, ohne Schuldgefühle eine Kalorie zu sich zu nehmen. Die phantasievollen Desserts bleiben unangetastet, denn sie wollen nur ein Äpfelchen oder eine Mandarine. Und so schleichen sie, dick oder prinzipienfest oder gar beides, im Ringelreihen um den Weihnachtsbaum. Sie wollen kein Bierchen und keinen Kognak, höchstens Kaffee ohne alles oder einen Kräutertee. Keine Christstollen und Plätzchen mehr, allerhöchstens ein Knäckebrot mit Hüttenkäse.

So bekommt mit dem Fortschreiten der Zeitrechnung die Weihnachtsfrage »Was essen wir bloß?« einen größeren Schwierigkeitsgrad denn je zuvor. Früher war es einfach: Schwuppdiwupp den Truthahn in die Weihnachtsbutter und jedem eine gleich große Portion auf seinen Teller, mit einem reichlichen Guß Soße darüber. Das ist vorbei, ist nur noch ein schönes Stück Nostalgie. Heute heißt es planen: für die Alternativen in Familie und Freundeskreis, für die Vegetarier, Makrobioten, Ökopaxen, Anthroposophen, Naturfreunde, Schlankheitsapostel. Zeitraubend, ungemütlich, kompliziert. Aber – ist es vielleicht nicht auch der erste minimale, wenn auch sehr mühsame Schritt in eine bessere Welt? »...und den Menschen ein Wohlgefallen« bekommt plötzlich eine neue Bedeutung.

Rätsel

Wie jedes Jahr kommt Tante Sophie am ersten Advent zu Besuch – da freuen sich die vier Kinder. Sie wissen, daß die Tante die schönsten Plätzchen backt. Und spannend ist es auch, denn Sophie denkt sich immer Überraschungen aus.

Diesmal hat die Tante vierzig herrlich duftende Mandelkekse gebacken. Einen legt sie beiseite, den

möchte sie selber haben. Die übrigen 39 gibt sie den Kindern. »Aber«, sagt sie, »ihr müßt sie teilen, und zwar so, daß Peter die Hälfte bekommt, Klara ein Viertel, Klaus ein Achtel und Suse ein Zehntel. Nur: zerbrechen dürft ihr die Kekse nicht!«

Lächelnd verläßt Sophie den Raum.

Nach einer Weile hört sie ein fürchterliches Zanken und Schreien – die vier Kinder können sich nicht einigen. »Schon die Hälfte von 39, das geht ja gar nicht«, maulen sie, »und wie soll man diese Anzahl vierteln, achteln oder zehnteln, ohne die Kekse zu zerbrechen!«

Tante Sophie konnte dennoch Frieden stiften, so daß jedes der Kinder den Anteil bekam, den sie zuvor gesagt hatte. Wie gelang es ihr? Und wie viele ganze Kekse bekam jedes Kind?

Auflösung auf Seite 143.

Alfons Schuhbeck

Klingenthaler Gänsekeulen

Zutaten für 4 bis 6 Personen

2 Wacholderbeeren,
1 Lorbeerblatt,
1 Zwiebel,
1 Gewürznelke,
4 Gänsekeulen, vom Händler gepökelt

Für die Kräuterkruste

125 g Butter,
½ Knoblauchzehe,
1 TL geriebener Parmesan,
1 EL gehackter Rosmarin,
1 EL gehackter Thymian,
1 EL gehackte Petersilie,
60 g Weißbrotbrösel,

Salz,
Pfeffer aus der Mühle

Für das Sauerkraut

Etwas Öl,
1 EL zerstoßene Pfefferkörner,
150 ml Kochsud,
50 ml Sahne,
500 g gekochtes Sauerkraut

Zwei Liter Wasser mit Wacholderbeeren, Lorbeerblatt, Zwiebel und Nelken zum Kochen bringen, die Gänsekeulen einlegen und einmal kurz aufkochen lassen. Danach eineinhalb Stunden leise ziehen lassen.

Die Keulen herausnehmen, die Haut abziehen, Fettreste abscheiden, warm stellen.

Für die Kräuterkruste: Butter schaumig rühren. Knoblauch abziehen und zerdrücken. Parmesan, Knoblauch, Kräuter und Brösel mit der Butter mischen, mit Salz und Pfeffer würzen. Zehn Minuten stehen lassen.

Die Gänsekeulen mit der Kräutermasse etwa 1 cm dick bestreichen und unter dem vorgeheizten Grill überbacken.

Für das Sauerkraut: Etwas Öl in einen Topf geben, den Pfeffer leicht anrösten, mit Kochfond von der Gänsekeule ablöschen, kurz aufkochen lassen. Sahne dazugeben und zehn Minuten ziehen lassen. Danach durch ein Sieb gießen. Das Sauerkraut erhitzen, die Hälfte der Pfeffersauce unter das Sauerkraut geben.

Das Sauerkraut auf Teller geben, die überbackenen Gänsekeulen darauf anrichten und mit der restlichen Sauce servieren.

Alles
auf dieser Welt ist relativ.
Fragen Sie einmal Gänse und Truthähne
nach ihrer Meinung über Weihnachten!

Peter Willforth

Werner Schneyder

Abschied vom Karpfen

Dieser Karpfen ist kein bestimmtes Tier, sondern ein alljährlich einmal konkretes Abstraktum: der Weihnachtskarpfen, der in Hufeisen geschnittene, so an die zwei Kilo wiegen sollende, panierte, von mir und meiner Familie am Abend des 24. Dezember zu verzehrende Fisch. Traditionen mögen unsinnig sein, zweckentfremdet, ja sogar zu einer großen Lüge umfunktioniert, aber wenn man mit ihnen aufgewachsen ist und sie irgendwie liebt, dann finden sich immer Interpretationen, um sie vor der Ratio zu schützen. Lange Jahre, bis in die Gegenwart, rann mir immer das Wasser im Mund zusammen, wenn ich auf einer Speisekarte eines halbwegs vertrauenerweckenden gastronomischen Betriebes das Angebot »Karpfen geb.« oder ausgeschrieben: »gebacken« fand. Aber nie gab ich der Verlockung nach. Vom 26. Dezember an, an dem ich meist das letzte kalte Stück zwischen den Mahlzeiten, irgendwo stehend und im Falle der Ertappung maßlos beschämt, verzehrte, freute ich mich auf den 24. Dezember des nächsten Jahres, auf den Karpfen.

Wenn einem kein christlicher Inhalt des Festes anerzogen und mitgegeben wurde, wenn einem die Silbe Christ- in angestrengtem Zurückerinnern nichts bedeutet, als daß sie zu jenem -kind gehörte, dem man zutrauen sollte, in lieblichster Aufmachung durch die

Winternacht zu fliegen und Briefe aus dem Fenster abzuholen, wenn es dem später Erwachsenen nicht möglich ist, das, was er heute christlich zu nennen bereit ist, auch nur irgendwie mit diesem 24. Dezember in Verbindung zu bringen, dann muß sich dieser Erwachsene doch die Frage stellen, warum er das Fest feiert. Meine Antwort ist: Ich liebe das Ritual. Die zielgerichtete Vorfreude auf brennende Kerzen, die man während des Jahres gelegentlich in Abendrestaurants sieht, aber nie an einem Nadelbaum, das Anziehen des dunklen Anzuges, den man des öfteren anzieht, aber nie nur für die Familie, das Reproduzieren einer Stimmung, die auch im Elternhaus aufgrund stillschweigender Übereinkünfte immer Familienfrieden bedeutete. Das Schenken mag ich an anderen Tagen mindestens so gern wie am 24. Dezember, das Beschenktwerden mag ich an anderen Tage sogar entschieden mehr. Dieser Weihnachtsbazar, der von der Raffgier der Nachkriegszeit, dann vom Prestige- und Statusdenken und immer vom Gelobt- und Gefeiertseinwollen bestimmt war, war mir alljährlich zuwider, wenngleich ich lange gebraucht habe, mir das bewußtzumachen.

Kernstück dieses Rituals war der Karpfen. Er vereinte alles, was ich an diesem Ritual liebte. Die Ausnahme, das zielgerichtete Beschaffen, also das die ganze Familie – im guten Sinne des Wortes – Beschenken, der Stil des Service, die Frau in der Küche – erst die Großmutter, dann die Mutter –, die immer zu spät zum Tisch kam, immer reichlich abgehetzt, die Schürze immer erst vor dem Publikum ablegend, immer den Verdacht äußernd, der Karpfen wäre wohl heuer nicht so besonders gut geraten, meinen ekstatischen Widerspruch mit Freude zur Kenntnis nehmend. Wenn ich die Stunden in meinem Leben zusammenzähle, in denen ich bereit war, die Menschen zu lieben, dann haben jene einen hochprozentigen Anteil, in denen ich gebackenen Karpfen aß. (Warum soll man so etwas nicht aussprechen, wenn es stimmt.)

Es ist mir heute klar, daß mein Antrieb, meine Frau zu heiraten, stark gewesen sein muß, denn ich wußte von ihr, daß sie sowohl Paniertes nicht sehr schätzt, als auch Fisch grundsätzlich nicht mag. Aber Formgefühl ist eine vorübergehender Geschmacksbildung übergeordnete Größe. Ich hatte die Qualität eines Rituals anzubieten und wurde durch dessen Annahme durch den Partner – ja: hier gehört das Wort her – beschenkt. Der Weihnachtskarpfen wurde erarbeitet, bewältigt, akzeptiert und schließlich geliebt. Und mit ihm wurde das Weihnachtsfest – für mich – prolongiert.

Wenn Erinnerungsvermögen und Urteilskraft des Gaumens überdurchschnittlich groß sind, dann weiß man, wenn man zum Beispiel heute eine Hühnerbrust ißt, wie eine Hühnerbrust geschmeckt hat, als die Hühner noch aßen, was die Natur als Hühnerfutter vorsah, und nicht, was Lebensmittelgangster von ihren Laboranten in Dunkelkammern injizieren lassen, dann weiß man, wenn der wäßrig-faserige Kalbsbraten vor einem liegt, wie Kalbfleisch aussah, als es dem Kalb noch gestattet war, auch einmal einen Schnupfen zu bekommen. Der gleiche Verlust gilt seit Jahren natürlich auch für den Karpfen. In meinem Elternhaus war es so, daß man ihn bei einem Händler sogar aus einem anderen Bundesland bestellte. Der Ursprung der Fische, die einer für ein Poststück ungewöhnlich riechenden Pappschachtel entnommen wurden, war dem Vater bekannt. Er kannte den Teich, und er kannte den Fischer – damals hatte der Fisch tatsächlich noch etwas mit dem Handwerk Fischen zu tun.

Wer in der Stadt lebt und genug Sorgen und Besorgungen hat, der kann sich nicht – und so war es jahrelang – auch noch um die Adresse eines Fischers bemühen, über dessen Fische Gutachten einholen, den Ursprung klarstellen, gar noch mit dem Auto auf vereisten Dezemberstraßen den Karpfen irgendwo vom Lande her heimholen. Damit möchte ich dem Vorwurf vorbeugen, mir wäre mein Karpfen nicht genug persönliches Opfer wert gewesen. Nein, alles hat seine Grenzen, auch die Privilegien.

Man bemüht sich bei Ärzten, nicht den normalen Kassenweg gehen zu müssen, man läßt sich von der Frau des reichen Freundes den Ausweis für das Großhandelslager geben, um vieles viel billiger kaufen zu können, als der ärmste Teufel im Lande es kann, man bezieht den Wein, den der Händler selbst trinkt, weil ihm seine Gesundheit etwas wert ist, man tut einiges, um sich in der verrotteten Konsumwelt besser zurechtzufinden als das hilflose Heer der Ungebildeten, die wirklich glauben, in einer Leberstreichwurst wäre Leber.

Aber mir widerstrebte es, beim Karpfen eine Extratour zu reiten. Ich wollte solidarisch sein mit allen anderen Karpfenessern, ich wollte an diesem Abend, den man den Heiligen nennt, immer das Gefühl haben, meine Freude zwar keineswegs zu teilen, aber doch anderwärts genauso vorhanden zu wissen. Meine Frau kaufte den Weihnachtskarpfen daher im Fischgeschäft am Platz. Wohl immer unter entsetzlichen Drohungen, wie sehr man den Händler verfluchen würde, hätte der Karpfen nicht genau das angegebene Gewicht und dieses spezielle Verhältnis von viel festem Fleisch und wenig bläulichem Fett. Von derartiger Entschiedenheit war der Händler offenbar beeindruckt, der Karpfen war immer – ganz genau gesagt: – anständig. Hervorragend zubereitet und in der Eigenqualität anständig. Von der Geschmacksintensität des Karpfens meiner Kindertage hatten sich durch die neuen Zuchtmethoden etwa fünfzehn Prozent verflüchtigt. Das ist – gemessen an Huhn und Kalb – ein noch gutes Ergebnis.

Vor Jahren, als mein Junge klein war, geschah aber folgendes: Unser Kaufmann, ein freundlicher, kluger und dankbarer Mann, rief an und teilte meiner Frau mit, er hätte von einem in dem als relativ rein bekannten See fischenden Fischer ein Karpfenavis erhalten und da sofort an uns gedacht. Die Reservierung war sogleich perfekt, der Fischer lieferte tatsächlich einen frischen Fisch, aus dem See geangelt, der Fisch wurde zubereitet, und – man mag mich jetzt ruhig hysterisch nennen – als ich von ihm am 24. aß, da war's, als ob die Zeit stehengeblieben, die Welt heil und ich darin geborgen wäre. Da sagte ich mir, warum soll ich auf dieses Gefühl verzichten? Warum soll ich mich mit dem Karpfen des Fischhändlers abfinden!

Das Jahr verging. Als es zum 24. Dezember hin alt wurde, fragte meine Frau den Kaufmann nach den Leistungen des Fischers. Der Kaufmann hatte Zweifel, ob dieser Fischer heuer noch etwas an den Detailhandel liefern werde. Wir hofften, aber vergeblich. Die Absage kam am 23. Meine Frau ging in das Fischgeschäft und erstand den Karpfen, wie er für jedermann gehandelt wird. Als ich den ersten Bissen aß, graute mir namenlos. Ich untersuchte das Tier sofort.

Tier? Das war zu hoch gegriffen. Es war eine Kreatur. Da hatte sich kein Fischfleisch mehr gebildet, da waren ganze Kröpfe, Klümpchen, wie Gips aus Fischmehl, da war nichts Organisches mehr – Wissenschaftler würden es anders sagen, ich sage: der Fisch war zu Lebzeiten schon Aas. In den letzten zwei Jahren mußte der Fischhändler seine Zucht wohl nach den neuesten Erkenntnissen der Rationalisierung und Gewinnspannenvermehrung umgestellt haben. Und da fiel mir plötzlich ein, daß ich seinen Teich ja kannte, daß ich einmal bei einem Ausflug vorbeigekommen war, daß ich sogar eine Fütterung gesehen hatte, da fiel es mir wieder ein.

Nein, Teich war das keiner. Das war ein flacher, viereckiger Tümpel, dessen Grund man nicht sah, weil ihn die karpfenartigen Wesen völlig bedeckten, die so gut wie nebeneinander standen, denn zum Schwimmen hatten sie keinen Platz. Fast bewegungslos glotzte dieser widerliche Haufen von Verkaufsgewicht vor sich hin, ohne wirklich zu leben. Dann kam ein alter Mann und warf – ohne Überzeugung – den Wesen Futter hin, das waren bräunliche, industriell portionierte Teilchen einer wohl endlosen Wurst, wie sie aus einer Faschiermaschine kommt. Ich ersuchte den Mann, mir so ein Futter zu zeigen, ich tat freundlich interessiert, er gab mir gelassen etwas in die Hand, es war nichts, es roch nach nichts, es griff sich an wie Gips aus Fischmehl, Aas und Verdautem, und als ich diese Klümpchen im Karpfen vor mir sah, da wußte ich, das ist das Werk dieses Futters – mein

Festmahl war zu Ende. Aber nicht nur das Festmahl. Die ganze Illusion. So ein Erlebnis setzt nun einmal den für diesen Abend abgestellten Denkapparat in Gang.

Plötzlich weiß man wieder, wie unverschämt teuer dieser Baum war. Plötzlich weiß man wieder, wieviel Bäume mehr umgehauen werden, als die Behörde mit gutem Grund bewilligen kann. Plötzlich sieht man, daß das Kind mindestens ein Geschenk zuviel erhalten hat, obwohl drei Liebesgaben den Empfänger dank väterlichen Einspruches gar nicht erst erreicht haben.

Plötzlich fällt einem bei einem schönen Präsent ein, daß ein Freund behauptet hat, er könnte auf derlei Artikel bis zu 40 Prozent ermöglichen. Plötzlich erinnert man sich angesichts des Bockbieres an die elende Qualität des normalen Bieres, das zum Einkauf von teurer Exportqualität zwingt. Plötzlich wird einem bewußt, daß man in drei Tagen eineinhalb bis zwei Kilo mehr wiegen wird.

Und plötzlich wird die gestaute Wut frei, wenn man das Wort vom Weihnachtsfrieden sieht, hört oder wiederkäut. Da gibt es doch auch heuer wieder diesen Mißbrauch des Wortes Frieden für Waffenruhe, da wird eine Botschaft aufgrund einer Konvention einige Tage so befolgt, als ob man sie gehört hätte, um sie danach nach Programm zu vergessen.

So ist es: Eine Illusion, die an eine sorgsame Abfolge gut funktionierender Gewohnheiten gebunden ist, ist dahin, wenn ein Glied der Kette ausfällt.

»Papa, wie viele Tage ist es noch bis Weihnachten?« will mein Sohn wissen. Ich komme um das Fest nicht herum. So habe ich Freunde gefragt, ob sie nicht einen Fischer kennen. Sie kennen einen, der liefert zwar nicht privat, aber hintenherum, auf Empfehlung – und so irgendwie –, nein, man wird mich nicht hängenlassen.

Wenn sie mich hängenlassen, dann kann ich mitspielen, feiern nicht mehr, dachte ich damals. Wenn sie mir einen Karpfen beschaffen, der mich nur irgendwie an den vom letzten Jahr erinnert, werde ich erbrechen und nie mehr in meinem Leben das Wort auch nur aussprechen. Dann nähme ich Abschied vom Karpfen und dem Fest, in dessen Mitte er sich befand. Dann kann nur noch mein Kind Weihnachten retten, wenn es für sich etwas erfindet, was mir der Karpfen war.

Edgars Weihnachtsfest

Seine Eltern sind jung,
und fast schon arriviert,
der Vater Akademiker,
die Mutter studiert.

Sie wäscht nicht gern
Geschirr ab.
Er hat einen Job
mit Verantwortung
und guten Chancen
auf Karriere.

Sie reden viel davon,
was Lebensqualität wäre.
Sie streiten um
Geld. Sie sind modern
und genieren sich nicht
beim Konsum.

Sie schlagen
ihre Materialschlacht
alljährlich unter dem Baum
im großen und ganzen
ohne Vorurteil.

Aber ihr vierjähriger Sohn
hat letztes Jahr kaum
ein Wort zu sagen
gewußt unter der Pracht
zu vieler Geschenke.

Roswitha Hamadani

Rätsel

Dieser Nußkranz mit sechs Marzipankartoffeln soll mit zwei geraden Schnitten in sechs Stücke mit jeweils einer Marzipankartoffel darauf zerteilt werden. Geht das überhaupt?

Auflösung auf Seite 143.

Umberto Eco

Brief an meinen dreijährigen Sohn

Lieber Stefano,

Weihnachten naht, bald wimmeln die Kaufhäuser wieder von aufgeregten Vätern, die das Schauspiel der jährlichen Großzügigkeit aufführen – nachdem sie mit scheinheiliger Freude auf diesen Moment gewartet haben, der ihnen erlaubt, sich unter dem Deckmantel der Beglückung ihrer Kinder die heißersehnten elektrischen Eisenbahnen, Puppentheater, Tischfußball- und Heimpingpongspiele zu kaufen. Ich werde nur zuschauen, denn dieses Jahr bin ich noch nicht an der Reihe, du bist noch zu klein, und für das Anthroposophen-Spielzeug kann ich mich nicht erwärmen, vielleicht weil ich keine Lust verspüre, es mir in den Mund zu stecken, auch wenn mir die Beischrift versichert, daß man es nicht verschlucken kann. Nein, ich muß noch zwei, drei, vielleicht auch vier Jahre warten. Dann bin ich an der Reihe, dann ist die Phase der mütterlichen Erziehung vorbei, dann endet die Zeit der Teddybären, und es kommt der Tag, da ich beginnen werde, mit der sanften und sakrosankten Gewalt meiner *patria potestas* dein soziales und staatsbürgerliches Bewußtsein zu formen. Und dann, lieber Stefano...

Dann schenke ich dir Gewehre. Doppelläufige. Mit Repetiermechanik. Schnellfeuer- und Maschinengewehre. Kanonen. Bazookas. Säbel. Kriegsstarke Heere von Bleisoldaten. Burgen mit Zugbrücken. Festungen zum Belagern. Kasematten, Pulvertürme, Panzerkreuzer, Düsenjäger, MPs, Dolche, Trommelrevolver, Colts, Rifles, Winchesterbüchsen, Chassepot-, Garand- und Mausergewehre, Mörser, Musketen, Haubitzen, Bombarden, Feldschlangen, Arkebusen, Ballisten, Armbrüste, Katapulte, Schwerter, Speere, Lanzen, Piken, Hellebarden und Enterhaken. Und Achtpfünder wie die von Captain Flint (in memoriam Long John Silver und Ben Gun). Und Rapiere, wie sie Don Barrejo gefielen, Toledo-Klingen wie jene, mit denen man den berühmten Drei-Pistolen-Coup macht, um den Marquis von Montélimar niederzustrecken, oder den Neapolitanerstich, mit dem der Baron de Sigognac den ersten Strauchdieb durchbohrte, der ihm seine Isabelle rauben wollte. Und weiter Streitäxte, Keulen, Morgensterne, Krummsäbel, Krise, Wurfmesser, Javelots, Dolchstöcke wie der, an dem John Carradine starb, als er getroffen auf der Stromschiene niedersank, und wer's nicht mehr weiß, hat Pech gehabt. Dazu Piratendegen, vor denen Carmaux und Van Stiller erbleichen würden, und feinziselierte Pistolets, wie kein Sir James Brook sie jemals besaß (sonst hätte er sich nicht geschlagen gegeben vor der sardonischen x-ten Zigarette des Portugiesen); und Stilette mit dreikantiger Klinge wie jenes, mit welchem, indes sachte der Tag zur Neige ging in Clignancourt, Sir Williams' Schüler den Finsterling Zampa ins Jenseits beförderte nach vollbrachtem Muttermord an der schmierigen alten Fipart; und Todesbirnen, wie sie dem Kerkermeister La Ramée ins Maul gestopft wurden, während der Duc de Beaufort, das rötliche Barthaar noch verschönt durch lange Pflege mit bleiernem Kamm, von dannen ritt im Vorgeschmack auf den Zorn Mazarins; und Feuermünder, geladen mit Nägeln, abzuschießen mit betelgeschwärzten Zähnen; und Flinten mit perlmuttgeschmücktem Kolben, anzulegen auf Araberhengste mit glänzendem Fell und nervösem Huf; und blitzschnelle Bögen, die den Sheriff von Nottingham hätten grün werden lassen vor Neid; und Skalpiermesser, wie sie Minnehaha besaß oder auch (für Kinder von deutschen Müttern) Winnetou. Flache Brownings, passend zum Frack des Gentleman-Räubers, und schwere Luger, die einem die Taschen ausbeulen oder die Achseln aufblähen wie bei Michael Shayne. Und immer wieder Gewehre. Gewehre in allen Größen und Arten, Typ Bärentöter und Henrystutzen, Typ Ringo in Stagecoach, Typ Wild Bill Hickock oder, als Vorderlader, Typ Lederstrumpf. Mit einem Wort: Waffen, mein Sohn, massenhaft Waffen und nichts als Waffen. Das wird dir der Weihnachtsmann bringen.

Sie setzen mich in Erstaunen, mein Herr, wird man sagen. Sie, der Sie in einem Anti-Atomwaffen-Komitee engagiert sind, der Sie an Ostermärschen teilnehmen und sich zur Mystik des Pazifismus bekennen!? Widerspreche ich mir? Nun gut, ich widerspreche mir (Walt Whitman).

Es war eines Morgens in Frankfurt am Main, ich hatte dem Sohn eines Freundes ein Mitbringsel von der Reise versprochen, betrat ein Kaufhaus und fragte nach einem schönen Trommelrevolver. Entsetzte Blicke. Kriegsspielzeug führen wir nicht, mein Herr! Eisig, das Blut konnte einem in den Adern gerinnen. Beschämt trat ich auf die Straße hinaus und lief direkt in zwei vorübergehende Bundeswehrsoldaten hinein. Die Wirklichkeit hatte mich wieder. Sie sollte mich nie mehr narren, von nun an würde ich einzig auf meine persönlich-private Erfahrung bauen und den Moralaposteln mißtrauen.

Meine Kindheit war ausgesprochen, ja fast ausschließlich kriegerisch gewesen: Ich schoß mit selbstgebastelten Blasrohren in die Büsche, duckte mich hinter die spärlichen Autos am Straßenrand und feuerte Salven aus meinem Repetiergewehr; ich führte mit blanker Waffe Attacken und verlor mich in blutigen Schlachten. Zu Hause Bleisoldaten, ganze Armeen, involviert in aufreibenden Strategien, in Operationen, die Wochen dauerten, in nicht enden wollenden Feldzügen, für die ich noch die Reste des Teddybären und die Puppen der Schwester mobilisierte. Ich gründete Räuber- und Abenteurerbanden, ließ mich von einer Handvoll Getreuer »Schrecken der Piazza Genova« nennen (heute Piazza Matteotti), löste eine Formation »Schwarze Löwen« auf, um mich einer anderen, stärkeren Bande anzuschließen, in der ich sodann eine Meuterei inszenierte, die katastrophal ausging. Ins Monferrat evakuiert, wurde ich zum Eintritt in die »Bande des Gäßchens« gezwungen und erduldete eine Initiationszeremonie, bestehend aus einhundert Fußtritten in den Hintern plus dreistündiger Gefangenschaft in einem Hühnerstall; wir kämpften gegen die Bande vom Rio Nizza, es waren dreckige und gemeine Kerle, das erste Mal kriegte ich Angst und lief weg, das zweite Mal traf mich ein Stein an der Lippe, ich habe noch heute ein Knötchen innen im Mund, das ich mit der Zunge fühlen kann.

(Später kam dann der richtige Krieg, die Partisanen ließen uns ein paar Sekunden lang ihre Sten halten, und wir sahen auch ein paar Freunde daliegen mit einem Loch in der Stirn; aber inzwischen waren wir in das Alter gekommen, wo wir am Ufer des Belbo entlangschlichen, um die Achtzehnjährigen beim Knutschen zu überraschen, außer in den Momenten der ersten mystischen Krisen.)

Aus dieser Orgie von Kriegsspielen ist ein Mann hervorgegangen, der es geschafft hat, achtzehn Monate Militärdienst zu absolvieren, ohne ein Gewehr zu berühren, um statt dessen die langen Stunden in der Kaserne für intensive Studien der mittelalterlichen Philosophie zu nutzen. Ein Mann, der sich mit allerlei Ruchlosigkeiten befleckt hat, nicht aber mit dem tristen Delikt der Waffenliebe und des Glaubens an den heiligen Wert und die wirkende Kraft des Krieges. Ein Mann, der den Wert von Armeen nur begreift, wenn er sie aufgelöst heimkehren sieht im Schlamm des Vajont auf der Suche nach einer noblen und nützlichen Aufgabe im Zivilleben. Der absolut nicht an Heilige Kriege glaubt und nur Bürgerkriege zu schätzen weiß – jene *civil wars*, also »zivilen Kriege«, in denen die Kämpfenden nur widerwillig kämpfen, an den Haaren hineingezogen, auf eigene Gefahr und Verantwortung, immerzu hoffend, daß es bald enden möge, und nur weil es wirklich um jenes essentielle Stück Menschenwürde geht, von dem man nicht absehen kann. Und ich glaube, daß ich diesen meinen tiefen, systematischen, kultivierten und dokumentierten Widerwillen gegen den Krieg ebenjenen gesunden, unschuldigen, platonisch blutigen Ausschweifungen meiner Kindheit verdanke, so wie man aus einem Western (mit einer soliden Riesenkeilerei, bei der die Saloonwände wackeln, die Tische und Spiegel zu Bruch gehen, auf den Pianisten geschossen wird und die Gläser zerklirren) geläutert herauskommt, gelöst und friedlich und voller Bereitschaft, den Passanten, der einen anrempelt, freundlich anzulächeln und den aus dem Nest gefallenen kleinen Sperling behutsam aufzulesen – wie schon der alte Aristoteles wußte, als er verlangte, die Tragödie solle vor unseren Augen das rote Banner des Blutes schwenken, um uns zu läutern und gründlich zu reinigen mit dem göttlichen Bittersalz der finalen Katharsis.

Und ich stelle mir demgegenüber die Kindheit Eichmanns vor. Wie er sich geduldig, der Blick schon ganz Buchhalter des Todes, über die schwierige Konstruktion aus dem Metallbaukasten beugt und pedantisch die Instruktionen der Bauanleitung befolgt; wie er sich gierig über die bunte Schachtel mit der Aufschrift »Der kleine Chemiker« hermacht; wie er sich sadistisch seine Ausrüstung als »Der fröhliche Zimmermann«, komplett mit handbreitem Hobel und zwanzig Zentimeter langer Säge, auf einer Sperrholzplatte zurechtlegt. Oh, fürchtet die kleinen Jungen, die Kräne basteln! In ihren kalten und verdrehten Technikerhirnen brauen sich schon die unheilvollen Komplexe zusammen, von denen sie dann im reifen Alter beherrscht sein werden. In jedem kleinen Ungeheuer, das die Weichen seiner Modelleisenbahnanlage stellt, stehe ich schon den künftigen Lagerkommandanten eines KZ. Und wehe, wenn sie ihre Kollektionen von Miniaturautos lieben, die ihnen die Spielzeugindustrie ohne Skrupel in Plastikmodellen anbietet, perfekt mit aufklappbarem Kofferraum und herunterdrehbaren Fensterscheiben – grauenvoll, grauenerregendes Spielzeug für künftige Techniker eines elektronischen Heeres, die leidenschaftslos den roten Knopf zur Auslösung eines Atomkrieges drücken!

Ihr könnt sie schon heute identifizieren. Die großen Bauspekulanten, Spezialisten für Räumungsklagen mitten im Winter, die ihre Persönlichkeit beim Monopoly ausgeprägt haben, jenem infamen Spiel, das sie früh lehrte, sich an den Gedanken des An- und Verkaufs von Immobilien und des ungerührten Abstoßens von Aktienpaketen zu gewöhnen. Die Pères Grandet von heute, die den Geschmack an Akkumulation und Börsengewinnen bei ihren Lottospielchen bekamen. Die Bürokraten des Todes, die sich am Metallbaukasten schulten, die toten Seelen der Bürokratie, die ihre Seelen abzutöten begannen, als sie mit den Formularen, Stempeln und Briefmarken ihrer »Kleinen Post« spielten...

Und morgen? Was wird aus Kindern, denen der industrielle Weihnachtsmann amerikanische Puppen beschert, die sprechen und singen und sich von alleine bewegen können? Japanische Automaten, die springen und tanzen, ohne daß sich die Batterien erschöpfen? Ferngesteuerte Automobile, deren Mechanik man nie ergründet...

Stefano, mein Sohn, ich werde dir Gewehre schenken. Denn ein Gewehr ist kein Spiel. Es ist ein Anstoß zu einem Spiel. Mit ihm mußt du eine Situation erfinden, ein Beziehungsgeflecht, eine Dialektik von Ereignissen. Du machst *Peng* mit dem Mund und entdeckst, daß dein Spiel soviel taugt, wie du selber hineinlegst und nicht schon vorfabriziert darin findest. Du stellst dir vor, daß du Feinde vernichtest, und befriedigst damit einen Urtrieb, den keine Zivilisation dir je austreiben wird (außer sie macht dich zum Neurotiker, reif für betriebliche Eignungstests à la Rorschach). Aber bald geht dir auf, daß dein Feindevernichten eine Spielkonvention ist, ein Spiel unter

anderen Spielen, und so lernst du es als ein wirklichkeitsfernes Treiben erkennen, dessen Grenzen dir beim Spielen durchaus bewußt sind. Du reagierst deine Wut und deine Komplexe ab und wirst frei für andere Botschaften, die weder Tod noch Zerstörung betreffen, ja es wird wichtig sein, daß dir Tod und Zerstörung für immer als Phantasiegebilde erscheinen, wie Rotkäppchens böser Wolf, den wir alle als Kinder gehaßt haben, ohne deshalb einen irrationalen Haß auf Wolfshunde zu entwickeln.

Aber vielleicht ist das noch nicht alles und noch nicht genug. Ich werde dir nicht erlauben, mit deinen Colts einfach wild in der Gegend herumzuballern, bloß zur spielerischen Abreaktion deiner Urinstinkte, ich werde den konstruktiven Teil der Erziehung, die Vermittlung von Werten, nicht auf die Zeit nach vollbrachter Abreaktion verschieben. Nein, ich werde versuchen, dir etwas mitzugeben, *während* du hinter dem Sessel hervorballerst.

Vor allem werde ich dich nicht lehren, auf die Indianer zu schießen. Ich werde dir beibringen, auf die Schnaps- und Waffenhändler zu schießen, die den Indianern die Widerstandskräfte zerstören. Und auf die Sklavenhalter des Südens, denn es versteht sich, daß du als ein Lincoln-Mann schießt. Ich werde dir nicht beibringen, auf die Kannibalen im Kongo zu schießen, sondern auf die Elfenbeinhändler, und in einem Moment der Schwäche hole ich dann vielleicht einen Kessel, und wir kochen gemeinsam den Doktor Livingstone, *I suppose*. Wir werden auf seiten der Araber gegen Lawrence kämpfen, der mir sowieso nie als ein Vorbild an Männlichkeit für brave kleine Jungen erschienen ist, und wenn wir Römer spielen, stehen wir auf seiten der Gallier, die ja Kelten waren, wie wir Piemontesen, und sauberer als jener Julius Cäsar, den du schon früh mit Mißtrauen zu betrachten lernen solltest, denn man nimmt einem demokratisch verfaßten Gemeinwesen nicht die Freiheit, um ihm dafür nach dem Tod als gnädiges Almosen die Gärten und Parks zum Spazierengehen zu überlassen. Wir werden mit Häuptling Sitting Bull gegen den Widerling General Custer kämpfen. Und in China mit den Boxern natürlich. Und mit Fantomas eher als mit Juve, der zu pflichtbewußt war, um sich zu weigern, gelegentlich einen Algerier niederzuknüppeln. Aber jetzt mache ich Spaß: natürlich werde ich dir sagen, daß Fantomas ein Bösewicht war, aber ich werde nicht hingehen und dir erzählen (als Komplize der korrumpierenden Baroness Orczy), daß Scarlet Pimpernel ein Held gewesen wäre. Er war ein dreckiger Konterrevolutionär, der dem braven Danton und dem unbestechlichen Robespierre Scherereien machte, und wenn wir diese Geschichte spielen, wirst du am Sturm auf die Bastille teilnehmen.

Oh, das werden herrliche Spiele sein, und denk nur, wir werden sie gemeinsam spielen! Was, Ihr meint, wir sollten Kuchen essen statt Brot? Allons, vite, Monsieur Santerre, laßt die Trommeln rühren, Tricoteusen aller Länder, vereinigt euch zum fröhlichen Stricken. Heute spielen wir die Enthauptung der Marie Antoinette. Perverse Erziehung? Wer sagt das? Sie, mein Herr, der Sie Filme machen über den angeblichen Helden Fra Diavolo, diesen übelsten aller

Straßenräuber im Solde der Großgrundbesitzer und der Bourbonen? Haben Sie je Ihrem Sohn beigebracht, zur Abwechslung einmal Carlo Pisacane* zu spielen – oder haben Sie nicht eher zugelassen, daß unsere Schulmeister und der Reimeschmied Mercantini ihn weiter, wie gehabt, unseren Kindern als netten blonden Idioten zum Auswendiglernen vorführen?**

Und Sie, mein Herr, der Sie doch sozusagen ein geborener Antifaschist sind, haben Sie je mit Ihrem Sohn Partisanen gespielt? Sich hinters Bett geduckt und gerufen, als wären Sie beim Maquis in den Bergen: »Achtung, Schwarzbrigadisten von rechts, voll draufhalten, Feuer frei auf die Nazis!« – Nein, Sie schenken Ihrem Sohn lieber bunte Bauklötzchen und schicken ihn mit dem Kindermädchen ins Kino, wo er rassistische Filme sieht, in denen die Vernichtung der Indianer verherrlicht wird...

So, lieber Stefano, werde ich dir Gewehre schenken. Und dich lehren, sehr komplexe Kriege zu spielen, in denen die Wahrheit nie bloß auf *einer* Seite zu finden ist, in denen man manchmal – wie bei uns am 8. September 43 – Seitenwechsel vollziehen muß. Du wirst dich austoben in deinen jungen Jahren, deine Ideen werden ein bißchen durcheinandergeraten, aber langsam werden sich Überzeugungen in dir bilden. Und später, wenn du erwachsen bist, wirst du

---

* Italienischer Patriot und Sozialrevolutionär, 1818–1857 *(A. d. Ü.)*.

** Anspielung auf das patriotische Gedicht *La spigolatrice di Sapri* von Luigi Mercantini, 1821–1872 *(A. d. Ü.)*.

glauben, daß *alles* nur ein Märchen gewesen war – Rotkäppchen, Aschenbrödel, die Gewehre und die Kanonen, der Mensch gegen die Menschen, die Hexe gegen die sieben Zwerge, die Armeen gegen die Armeen. Und sollten dann zufällig, wenn du groß bist, die Monstergestalten deiner Kinderträume noch nicht verschwunden sein – die Hexen, die Kobolde, die Armeen, die Bomben, die Zwangsrekrutierungen –, wer weiß, vielleicht hast du dann eine kritische Haltung zu Märchen gewonnen und gelernt, dich kritisch in der Wirklichkeit zu bewegen.

Rätsel

Ein Engel bekam vom Weihnachtsmann eine Schachtel mit Teddybären – mit dem Auftrag, daß der Hälfte ein rotes Schleifchen umgebunden werden sollte, einem Drittel ein blaues und einem Neuntel ein gelbes Schleifchen. Verzähl dich nicht, sagte der Weihnachtsmann noch, und schwupps war er weg.

Der Engel zählte die Teddys, doch so oft er auch zählte, es waren 17! Und diese Zahl ließ sich beim besten Willen weder durch 2 noch 3 und auch nicht durch 9 teilen. Nun wußte der Engel nicht, was er tun sollte, und er begann zu weinen.

Und da kam Petrus herbei und sagte: Hier habe ich noch ein Bärchen, sei so nett und binde ihm ein grünes Schleifchen um. Und schwupps war auch Petrus weg und hatte sich noch nicht einmal um die Tränen des Engels gekümmert.

Bald fing der Engel an zu strahlen – und hatte alle seine Aufträge schnell erledigt.

Wie?

Auflösung auf Seite 143.

O. Henry

Das Geschenk der Weisen

Ein Dollar und siebenundachtzig Cent. Das war alles. Und sechzig Cent davon bestanden aus Pennystücken. Pennies, die man zu jeweils ein oder zwei Stück dem Krämer, Gemüsehändler oder Metzger abgehandelt hatte, bis man mit schamroten Wangen den unausgesprochenen Vorwurf der Knauserigkeit spürte, den solches Feilschen mit sich brachte. Dreimal zählte Della das Geld nach. Ein Dollar und siebenundachtzig Cent. Und morgen war Weihnachten.

Da blieb allerdings nichts anderes übrig, als sich auf die schäbige kleine Couch zu werfen und zu heulen. Das tat Della denn auch. Was einen zu der philosophischen Betrachtung veranlaßt, daß das Leben aus Schluchzen, Seufzen und Lächeln besteht, wobei das Seufzen überwiegt.

Während die Verzweiflung der Hausfrau allmählich aus dem erstgenannten Stadium in das zweite herabsinkt, wollen wir uns ihr Zuhause anschauen. Eine möblierte Wohnung für acht Dollar die Woche. Sie konnte durchaus keine rühmende Beschreibung heischen, sondern gehörte eigentlich auf die Liste der Polizeikommission für Nicht-Seßhafte.

An der Eingangstüre unten befanden sich ein Briefkasten, in den nie ein Brief geworfen wurde, und ein elektrischer Klingelknopf, dem kein Sterblicher je einen Laut entlocken konnte. Und als letztes Zubehör war da eine Karte mit dem Namen »Mr. James Dillingham Young«.

Das ausgeschriebene »Dillingham« hatte während einer früheren Periode des Wohlstandes vornehm wirken sollen, als der Besitzer des Namens noch dreißig Dollar in der Woche bekam. Doch jetzt, da das Einkommen auf zwanzig Dollar zusammengeschrumpft war, schienen die Buchstaben des Namens »Dillingham« so verschwommen, als dächten sie ernsthaft daran, sich zu einem bescheidenen, anspruchslosen »D« zusammenzuziehen. Jedesmal aber, wenn Mr. James Dillingham Young nach Hause kam und seine Wohnung betrat, wurde er von Mrs. James Dillingham Young, Ihnen schon als Della bekannt, »Jim« gerufen und stürmisch umarmt. So weit, so gut.

Della hörte auf zu weinen und machte sich mit der Puderquaste über ihre Wangen her. Sie stand am Fenster und sah bedrückt einer grauen Katze zu, die im grauen Hinterhof auf einem grauen Zaun entlangschlich. Morgen war Weihnachten, und sie hatte nur einen Dollar und siebenundachtzig Cent, um Jim ein Geschenk zu kaufen. Seit Monaten hatte sie jeden Penny gespart, und das war der Erfolg. Mit zwanzig Dollar in der Woche kommt man nicht weit. Die Ausgaben waren größer gewesen, als sie vorausberechnet hatte. So ist es doch immer. Nur ein Doller siebenundachtzig, um ein Geschenk für Jim zu kaufen. Für ihren Jim. Manche glückliche Stunde hatte sie damit verbracht, sich etwas Hübsches für ihn auszudenken. Etwas Schönes, Seltenes, Gediegenes – etwas, das wenigstens ein bißchen würdig gewesen wäre, Jim zum Besitzer zu haben.

Zwischen den Fenstern des Zimmers befand sich ein Pfeilerspiegel. Vielleicht haben Sie schon einmal einen Pfeilerspiegel in einer Achtdollarwohnung gesehen. Nur eine sehr schlanke und bewegliche Person kann, wenn sie ihr Spiegelbild in einer raschen Folge von Längsstreifen zu betrachten versteht, einen einigermaßen zuverlässigen Begriff von ihrem Aussehen bekommen. Da Della schlank war, verstand sie sich darauf.

Plötzlich drehte sie sich vom Fenster weg und stellte sich vor den Spiegel. Ihre Augen glänzten hell, aber ihr Gesicht hatte innerhalb von zwanzig Sekunden jede Farbe verloren. Schnell löste sie ihr Haar und ließ es in seiner ganzen Länge herabfallen.

Nun gab es zwei Besitztümer der Eheleute James Dillingham Young, auf die sie beide mächtig stolz waren. Eines davon war Jims goldene Uhr, die schon seinem Vater und Großvater gehört hatte. Das andere war Dellas Haar. Hätte in der Wohnung jenseits des Lichtschachtes die Königin von Saba gewohnt, Della hätte ihr Haar eines Tages zum Trocknen aus dem Fenster gehängt, nur um die Juwelen und Geschenke Ihrer Majestät in den Schatten zu stellen. Und wäre König Salomon der Pförtner des Hauses gewesen und hätte alle seine Schätze im Keller aufgestapelt gehabt, so hätte Jim jedesmal im Vorbeigehen seine Uhr gezückt, nur um ihn vor Neid seinen Bart raufen zu sehen.

Nun fiel also Dellas schönes Haar an ihr herab, wie ein brauner Wasserfall, glänzend und sich wellend. Es reichte ihr bis unter die Knie und umhüllte sie fast wie ein Gewand. Hastig steckte sie es wieder auf. Einen Augenblick noch zögerte sie, während eine oder zwei Tränen auf den abgetretenen roten Teppich fielen.

Sie schlüpfte in ihre alte braune Jacke; sie setzte ihren alten braunen Hut auf. Mit wehendem Rock und immer noch einem hellen Schimmer in den Augen huschte sie zur Tür hinaus, die Treppe hinunter, auf die Straße.

Sie blieb erst vor einem Schild stehen, auf dem

stand: Mme. Sofroni, Haare aller Art«. Della rannte eine Treppe hoch und sammelte sich, noch außer Atem. Madame, massig, zu weiß gepudert, sehr kühl, sah kaum so aus, als könne sie Sofronie heißen.

»Wollen Sie mein Haar kaufen?« fragte Della.

»Ich kaufe Haar«, sagte Madame. »Nehmen Sie Ihren Hut ab und zeigen Sie, wie es aussieht.«

Herunter rieselte der braune Wasserfall.

»Zwanzig Dollar«, sagte Madame und wog die Haarflut mit geübter Hand.

»Schnell, geben Sie mir das Geld«, sagte Della.

Oh, und die nächsten zwei Stunden tänzelten vorbei auf rosigen Schwingen. (Entschuldigen Sie die holprige Metapher!) Sie durchstöberte die Läden nach einem Geschenk für Jim.

Endlich fand sie es. Sicher war es für Jim und keinen anderen gemacht. Nichts kam ihm gleich in all den anderen Läden, in denen sie das unterste zuoberst gekehrt hatte. Es war eine Uhrkette aus Platin, schlicht und edel in der Ausführung, ihr Wert war nur am Material und nicht an protzigem Zierat zu erkennen – so sollte es ja bei allen echten Dingen sein. Diese Kette war es sogar wert, die Uhr aller Uhren zu tragen. Sobald Della sie sah, wußte sie, daß sie Jim gehören mußte.

Sie war wie er. Schlicht und edel – diese Bezeichnungen trafen auf beide zu. Einundzwanzig Dollar nahm man ihr dafür ab, und mit den siebenundachtzig Cent eilte sie nach Hause. Mit dieser Kette an seiner Uhr konnte Jim in jeder Gesellschaft schicklich nach der Zeit sehen. Denn so prächtig die Uhr auch war, er sah bisher oft nur verstohlen drauf, weil sie, statt an einer Kette, an einem alten Lederriemen hing.

Als Della zu Hause ankam, wich ihr Freudenrausch ein wenig der Klugheit und Vernunft. Sie holte ihre Brennschere hervor, zündete das Gas an und machte sich daran, die Verwüstungen zu heilen, die ihre Freude am Schenken in Verbindung mit ihrer Liebe angerichtet hatten.

Und das, meine Guten, ist immer eine ungeheure Aufgabe – eine Mammutaufgabe.

Nach vierzig Minuten war ihr Kopf mit winzigen, eng anliegenden Löckchen bedeckt, die ihr das Aussehen eines schuleschwänzenden Lausbuben gaben. Sie musterte lange, sorgfältig und kritisch ihr Spiegelbild.

»Wenn Jim mich nicht umbringt«, sagte sie zu sich selbst, »bevor er mich eines zweiten Blickes würdigt, so wird er sagen, ich sehe aus wie ein Tanzgirl von Coney Island. Aber was konnte ich tun – oh, was konnte ich tun mit einem Dollar und siebenundachtzig Cent?«

Um sieben Uhr war der Kaffee fertig, und die heiße Bratpfanne stand hinten auf dem Ofen, bereit, die Kotelettes aufzunehmen.

Jim kam nie zu spät. Della nahm die Uhrkette zusammengelegt in die Hand und setzte sich auf die Tischkante bei der Tür, durch die er immer kam. Bald vernahm sie seinen Schritt weit unten auf den ersten Stufen, und für eine Augenblick wurde sie ganz weiß. Sie hatte die Gewohnheit, im stillen kleine Gebete für die einfachsten Alltagsdinge zu sprechen, und so flüsterte sie jetzt: »Lieber Gott, mach, daß er mich immer noch hübsch findet!«

Die Tür ging auf, Jim trat ein und machte sie hinter sich zu. Er sah schmal und sehr ernst aus. Armer Kerl, erst zweiundzwanzig und schon mit einem Hausstand belastet! Er brauchte einen neuen Mantel, hatte keine Handschuhe.

Jim blieb an der Türe stehen, bewegungslos wie ein Setter, der eine Wachtel wittert. Seine Augen waren auf Della gerichtet und hatten einen Ausdruck, den sie nicht deuten konnte und der sie erschreckte. Es war weder Zorn noch Überraschung, weder Mißbilligung noch Entsetzen, überhaupt keines der Gefühle, auf die sie gefaßt war. Er starrte sie ganz einfach an, mit einem höchst sonderbaren Ausdruck im Gesicht.

Della rutschte vom Tisch herunter und ging auf ihn zu. »Jim, Liebster«, rief sie, »schau mich nicht so an. Ich habe mir das Haar abschneiden lassen und verkauft, weil ich Weihnachten einfach nicht überstanden hätte, ohne dir etwas zu schenken. Es wächst ja wieder nach – du bist doch nicht böse, oder? Ich mußte es einfach tun. Und meine Haare wachsen unheimlich schnell. Sag ›Fröhliche Weihnachten‹, Jim, und laß uns glücklich sein. Du weißt ja gar nicht, was für ein schönes – wunderschönes Geschenk ich für dich habe.«

»Deine Haare hast du dir abschneiden lassen?« fragte Jim mühsam, als hätte er trotz der härtesten geistigen Anstrengung diese offensichtliche Tatsache noch nicht erfaßt.

»Abschneiden lassen und verkauft«, sagte Della. »Magst du mich trotzdem genauso gern? Ich bin doch auch ohne Haare ich, oder?«

Jim schaute sich forschend im Zimmer um.

»Du sagst, deine Haare sind fort?« sagte er mit fast idiotischem Ausdruck.

»Du brauchst nicht danach zu suchen«, sagte Della. »Sie sind verkauft, sag ich, verkauft und fort. Es ist Heiliger Abend, mein Junge. Sei lieb zu mir, ich habe es ja für dich getan. Es kann ja sein, daß die Haare auf meinem Kopf gezählt waren«, fuhr sie fort, auf einmal ernsthaft zärtlich, »aber niemand könnte jemals meine Liebe zu dir zählen. Soll ich jetzt die Kotelettes aufsetzen, Jim?«

Nun schien Jim schnell aus seiner Betäubung zu erwachen. Er schloß Della in die Arme. Wir wollen daher zehn Sekunden lang höflich angestrengt einen belanglosen Gegenstand in entgegengesetzter Richtung betrachten. Acht Dollar in der Woche oder eine Million im Jahr – was ist der Unterschied? Ein Mathematiker oder ein geistreicher Kopf würde uns eine falsche Antwort geben. Die drei Weisen aus dem Morgenlande haben kostbare Geschenke gebracht, aber dieses war nicht darunter. Diese dunkle Andeutung wird sich später aufklären.

Jim zog ein Päckchen aus seiner Manteltasche und warf es auf den Tisch. »Versteh mich nicht falsch, Dell«, sagte er. »Ich glaube, kein Haarschneiden, Scheren oder Waschen brächte mich dazu, mein Mädchen weniger zu lieben. Aber wenn du dieses Päckchen aufmachst, siehst du, warum ich erst eine Weile außer Fassung war.«

Weiße Finger zogen behende an Schnur und Papier. Ein entzückter Freudenschrei; und dann – o weh – ein schneller echt weiblicher Umschwung zu jähen Tränen und Klagen, welche den Herrn des Hauses vor die augenblickliche Notwendigkeit stellten, mit ganzer Kraft Trost zu spenden.

Denn da lagen sie, die Kämme – die ganze Garnitur von Kämmen, seitlich und hinten einzustecken, die Della so lange in einem Schaufenster am Broadway bewundert hatte. Herrliche Kämme, aus echtem Schildpatt, mit juwelenverzierten Rändern – genau von der Farbe, die zu dem verschwundenen Haar paßte. Es waren teure Kämme, das wußte sie, und ihr Herz hatte sie bloß begehrlich ersehnt, ohne im entferntesten zu hoffen, sie je zu besitzen. Jetzt gehörten sie ihr, aber die Flechten, die diesen Traum-Zierat hätten zieren sollen, waren fort.

Doch sie drückte sie ans Herz, und endlich konnte sie aus verweinten Augen aufblicken und lächelnd sagen: »Meine Haare wachsen ja so rasch, Jim.«

Und dann sprang Della wie eine kleine, angesengte Katze in die Höhe und rief: »Oh, oh!«

Jim hatte ja sein schönes Geschenk noch gar nicht gesehen. Sie hielt es ihm eifrig auf offener Hand entgegen.

Das mattglänzende, kostbare Metall schien auf einmal aufzuleuchten und ihre innige Freude widerzuspiegeln.

»Ist das nicht ein Prachtstück, Jim? Ich habe die ganze Stadt abgejagt, bis ich sie gefunden habe. Du mußt jetzt hundertmal am Tag auf die Uhr schauen. Gib sie mir. Ich möchte sehen, wie sie sich daran ausnimmt.«

Anstatt Folge zu leisten, ließ sich Jim auf die Couch fallen, faltete die Hände hinter dem Kopf und lächelte.

»Dell«, sagte er, »wir wollen unsere Weihnachtsgeschenke wegpacken und eine Weile aufheben. Sie sind zu schön, als daß wir sie jetzt gleich benützen könnten. Ich habe die Uhr verkauft, um das Geld für deine Kämme zu bekommen. Jetzt, glaube ich, wäre es Zeit, die Kotelettes aufs Feuer zu stellen.«

Die Heiligen Drei Könige waren, wie Sie wissen, weise Männer – wunderbar weise Männer –, die dem Kindlein in der Krippe Geschenke brachten. Sie haben die Kunst des weihnachtlichen Schenkens erfunden. In ihrer Weisheit wählten sie sicher wohlweislich etwas aus, das, falls es schon auf dem Gabentisch vertreten war, umgetauscht werden konnte. Und da habe ich Ihnen nun mit unbeholfener Feder die recht ereignislose Geschichte von zwei närrischen Kindern in einer Wohnung erzählt, die einander, gar nicht sehr weise, ihre größten Schätze geopfert haben. Aber in meinem Schlußwort an die Weisen unserer Tage möchte ich sagen, daß von allen, die schenken, diese beiden am weisesten waren. Von allen, die schenken und beschenkt werden, sind ihresgleichen am weisesten. Immer und überall. *Sie* sind die Könige.

Dorothee Sölle

Lob in der schrecklichen Weihnachtszeit

Als der regen auf die roten mäntel der weihnachts-
 männer fiel
und sie bonbons aus ihren säcken holten
und die kinder ihre eiligen mütter festhielten
und mir mir mich schrien vor dem kaufhaus

gingen hinter mir zwei jungen
bei uns in chile ich traute meinen ohren nicht
sind die weihnachtsbäume viel größer
und der nikolaus holt alles runter ganz viel

ich drehte mich um und sah einen menschen von
 zwölf jahren mit schwarzen locken
cr sagtc in klarcm dcutsch zu dcm blondcn
alle kriegen was verstehst du keiner
kriegt nix verstehst du gar keiner

Dies ist eine wahre geschichte aus hamburg-altona
und drei gründe auf einmal
gott zu loben
für das gloria keiner kriegt nix gar keiner
für den engel im anorak
für das chile das war

Für das chile das sein wird

CHRISTINE NÖSTLINGER

Weihnachtsgaben im Rückblick

Na, wie war es denn heuer mit den Geschenken, verehrte Leserin? Haben Ihre mehr oder weniger Lieben Ihre geheimen Wünsche getroffen? Oder hat man Sie durch oberflächliche Geschenkswahl tief getroffen?

Hat Ihnen Ihr Mann das Buch geschenkt, das er schon längst hatte lesen wollen? Oder hat er der Werbestimme vertraut, die wochenlang verkündet hat, daß ein Bügeleisen ein sehr »persönliches Geschenk« sein kann?

Und sind Sie sich schon klar, ob Sie es wagen dürfen, von Ihrer Schwiegermutter die Rechnung für den schweinsrosa Morgenmantel zu fordern, damit Sie ihn umtauschen können?

Und wie werden Sie es mit dem Maiglöckerlwasser halten, das eine ruchlose Verkäuferin Ihrem achtjährigen Sohn ins seidige Sternenpapier gewickelt hat?

Und wie verkraften Sie es, daß sich Ihre Tochter im Pullover, den Ihnen Ihr Mann geschenkt hat, pudelwohl fühlt? Wunder ist es ja keines. Der Pullover paßt schließlich ausgezeichnet zur karierten Hose Ihrer Tochter. Was die Tochter, dem Papa beim Einkauf behilflich, sicher bedacht hat.

Und wie, verehrte Leserin, haben Sie denn geschenkt? Ist Ihr Gewissen rein? Oder kommt Ihnen Ihr Ehemann in der himmelblauen Hausjacke nicht doch etwas verloren vor?

Fragen Sie sich, ob die Oma mit Absicht oder aus Altersvergeßlichkeit das »Super-Tiefkühlkost-Sägemesser« unbedingt unter dem Christbaum liegen ließ? Und wie steht's um die froschgrüne Tasche, von der ein Verkäufer sagte, sie sei der Traum aller jungen Mädchen? Wieso hat Ihre Tochter dann gestern die alte Handtasche genommen, als sie außer Haus eilte?

Oder stricken Sie etwa noch am Halsausschnitt vom Pulli, den Sie Ihrem Mann schenken wollten? Wenn dem so sein sollte, nehmen Sie es nicht tragisch. Jetzt, ohne Überraschungszwang, können Sie wenigstens ordentlich Maß nehmen.

In den vergangenen Jahren – Hand aufs Weihnachtsherz – war es doch ohnehin immer peinlich, wenn der arme Kerl freudig und im Scheine der Flakkerkerzen das gute Stück anlegen wollte und den Kopf bloß bis zu den Ohren durchs Halsloch bohren konnte und Sie dann murmeln mußten: »Das trenn' ich wieder auf!« Eben! Eine gewisse Zögerlichkeit bei der Geschenkeproduktion hat ihre Vorteile.

DAPHNE DU MAURIER

Fröhliche Weihnachten

Familie Lawrence wohnte in einem großen Haus am Rande der Stadt. Mr. Lawrence war ein Mann von großer und kräftiger Statur, auf seinem runden Gesicht lag stets ein Lächeln. Jeden Tag fuhr er mit seinem Wagen in sein Stadtbüro, wo er einen mit Rolladen verschließbaren Schreibtisch und drei Sekretärinnen hatte. Vormittags telefonierte er, danach ging er zu einem Geschäftsessen, um anschließend wieder zu telefonieren. So verdiente er eine Menge Geld.

Mrs. Lawrence' Haare waren blond und ihre Augen blau, wie bei einer Porzellanpuppe. Mr. Lawrence nannte sie »Kätzchen«, aber sie war kein hilfloses Wesen. Ihre Figur war makellos und ihre Fingernägel lang, und nachmittags spielte sie in der Regel Bridge. Bob Lawrence war zehn. Er war wie Mr. Lawrence, nur kleiner. Er interessierte sich für elektrische Eisenbahnen, also hatte sein Vater eine Miniaturbahn im Garten installieren lassen. Marigold Lawrence war sieben. Sie war wie Mrs. Lawrence, nur runder. Sie hatte fünfzehn Puppen. Irgendwie blieben sie bei ihr nie lange heil.

Träfe man die Lawrences zufällig, würde nichts Außergewöhnliches an ihnen auffallen. Genau das war der Haken. Sie waren einfach zu sehr wie alle anderen. Für sie war das Leben bequem und sorgenfrei, was natürlich sehr angenehm war.

Heiligabend verbrachte Familie Lawrence so wie jede andere Familie auch. Mr. Lawrence kam früh aus der Stadt zurück, um dabeizustehen, wenn das ganze Haus für Weihnachten hergerichtet wurde. Er lächelte mehr denn je, steckte die Hände in die Hosentaschen und schimpfte: »Paß doch auf, du Idiot«, als er über den Hund stolperte, der sich hinter Tannenzweigen versteckt hatte. Mrs. Lawrence hatte ausnahmsweise auf ihr Bridge verzichtet und hängte Lampions an eine quer durchs Wohnzimmer gespannte Leine. Eigentlich war es der Gärtnerjunge, der die Lampions aufhängte, aber Mrs. Lawrence verzierte sie mit kleinen bunten Papierrüschen und hielt sie ihm hin. Und weil sie dabei unaufhörlich rauchte, stieg dem Gärtnerjungen der Rauch in die Augen. Aber er war zu höflich, um ihn fortzuwedeln. Bob Lawrence und Marigold tollten im Wohnzimmer herum, sprangen auf Sofas und Sessel und schrien: »Was bekomme ich wohl morgen? Eine Eisenbahn? Eine Puppe?« Bis es Mr. Lawrence zu bunt wurde und er sagte: »Wenn ihr nicht mit dem Krach aufhört, bekommt ihr gar nichts.« Aber die Kinder hörten an seiner Stimme, daß er es nicht ernst meinte, und fielen nicht darauf herein.

Gerade als die Kinder ins Bett gehen sollten, wurde Mrs. Lawrence ans Telefon gerufen. »Verdammt!« sagte sie, und dem Gärtnerjungen stieg noch mehr Rauch in die Augen. Mr. Lawrence hob einen Tannenzweig auf und steckte ihn hinter ein Bild. Er pfiff vergnügt vor sich hin.

Mrs. Lawrence blieb fünf Minuten fort, und als sie wiederkam, sprühten ihre blauen Augen, und ihr Haar war zerzaust. Sie sah aus wie ein Kätzchen. Wie eines, das man auf den Arm nimmt, um »miez, miez« zu sagen, und schnell wieder absetzt.

»Das ist aber wirklich zu dumm!« sagte sie, und einen Augenblick lang glaubten die Kinder, sie würde anfangen zu weinen.

»Was zum Teufel ist denn los?« fragte Mr. Lawrence.

»Es war der Flüchtlingskommissar für diesen Bezirk«, sagte Mrs. Lawrence. »Ich habe dir ja erzählt, daß es hier von Flüchtlingen nur so wimmelt. Ich mußte uns auch als mögliche Gastgeber eintragen, als das alles anfing. Ich habe natürlich nicht daran gedacht, daß es ernst werden könnte. Und jetzt ist es soweit. Wir müssen ein Ehepaar aufnehmen – heute nacht.«

Mr. Lawrence lächelte nicht mehr. »Hör mal«, sagte er, »der Flüchtlingskommissar kann doch niemand damit überfallen. Warum hast du ihn nicht zum Teufel gewünscht?«

»Habe ich ja«, versetzte Mrs. Lawrence ärgerlich, »und er konnte nur beteuern, es tue ihm leid, aber es wäre für alle dasselbe, in jedem Haus müßten sie es tun, und er sagte was von ›Zwangsmaßnahme‹. Das habe ich zwar nicht verstanden, aber es klang unangenehm.«

»Das können die nicht machen«, sagte Mr. Lawrence, dabei schob er seine Unterlippe vor. »Ich werde einen Vorgesetzten anrufen und dafür sorgen, daß man diesen Kommissar rauswirft, ich fahre persönlich in die Stadt, ich –«

»Ach, was soll das denn nützen?« fragte Mrs. Lawrence. »Wir wollen uns deshalb nicht aufregen. Vergiß nicht, es ist Heiligabend, und jetzt ist niemand mehr in der Stadt. Dieses Pack ist ja sowieso schon unterwegs, und wir können ja nicht einfach unsere Türen verschlossen halten. Ich werde es wohl dem Personal beibringen müssen.«

»Was wollen die Flüchtlinge denn?« riefen die Kinder aufgeregt. »Wollen sie unsere Sachen haben? Wollen sie uns unsere Betten wegnehmen?«

»Natürlich nicht«, sagte Mrs. Lawrence streng. »Redet nicht so dummes Zeug!«

»Wo sollen wir sie unterbringen?« fragte Mr. Lawrence. »Die Dalys und die Collins kommen doch morgen, da sind alle Zimmer besetzt. Du meinst doch nicht, daß wir sie ausladen sollten?«

»Keine Sorge«, sagte Mrs. Lawrence, und ihre blauen Augen funkelten. »Das ist doch wenigstens etwas, daß wir wahrheitsgemäß sagen können, daß das Haus schon voll ist. Nein, die Flüchtlinge können das Zimmer über der Garage haben. Bis jetzt war es ganz trokken, also wird die Feuchtigkeit noch nicht eingedrungen sein. Da steht auch ein Bett, das wir vor zwei Monaten ausrangiert haben – es hat keine Sprungfedern mehr. Aber es ist ganz in Ordnung. Und ich glaube, das Personal hat einen Ölofen, der nicht benutzt wird.«

Mr. Lawrence lächelte. »Du hast wohl schon alles organisiert, nicht? Niemand kann es mit dir aufnehmen, Kätzchen. Na ja, solange es uns nicht schadet, ist mir alles gleich.« Erleichtert beugte er sich über Marigold und hob sie hoch. »Wir lassen uns Weihnachten doch nicht verderben, was, meine Süße?« fragte er. Und er warf Marigold in die Luft, und sie kreischte vor Vergnügen.

»Das ist gemein«, sagte Bob Lawrence, sein rundes Gesicht war rot vor Wut. »Marigold ist jünger als ich, und sie will auch so einen großen Strumpf aufhängen wie ich. Ich bin der Älteste, darum muß ich auch den größten Strumpf haben, oder?«

Mr. Lawrence fuhr seinem Sohn mit der Hand durchs Haar. »Trag es wie ein Mann, Bob«, sagte er ruhig. »Ärgere deine Schwester nicht. Morgen habe ich etwas für dich, das ist besser als alle Spielsachen in deinem Strumpf.«

Bob hörte auf zu quengeln. »Ist es was für meine Eisenbahn?« fragte er aufgeregt. Mr. Lawrence blinzelte ihm zu, ohne zu antworten Bob hüpfte auf seinem Bett herum. »Mein Geschenk ist größer als Marigolds«, heulte er triumphierend, »viel, viel größer!«

»Nein, nein, meins ist genauso schön, ja, Dad?«

Mr. Lawrence rief das Kindermädchen. »Beruhigen Sie bitte die Kinder. Ich glaube, sie geraten außer Rand und Band.« Lachend stieg er die Treppe hinab.

Mrs. Lawrence kam ihm auf halber Höhe entgegen. »Sie sind da«, sagte sie. Ihre Stimme klang alarmierend.

»Und?« fragte er.

Sie zuckte mit den Achseln und verzog das Gesicht. »Juden«, sagte sie knapp und ging ins Kinderzimmer.

Mr. Lawrence murmelte etwas, dann zog er seine Krawatte zurecht und setzte eine Miene auf, die er Flüchtlingen gegenüber für angemessen hielt, halb streng, halb draufgängerisch. Er ging die Garagenauffahrt hinauf und stieg die morsche Treppe hoch.

»Ha, guten Abend!« dröhnte er jovial beim Betreten des Zimmers. »Ist alles in Ordnung?«

Es war ziemlich dunkel im Zimmer, denn auf der Glühbirne lag der Staub mehrerer Monate. Sie hing in einer Ecke, weit weg vom Bett und vom Ofen. Die beiden Flüchtlinge starrten ihn einen Augenblick wortlos an. Die Frau saß am Tisch. Sie packte ein Brot und zwei Tassen aus einem Korb. Der Mann breitete eine Decke über das Bett. Als Mr. Lawrence sprach, richtete er sich auf und wandte sich ihm zu.

»Wir sind so dankbar«, sagte er, »so, so dankbar.«

Mr. Lawrence hüstelte und unterdrückte ein Lachen. »Oh, keine Ursache«, sagte er.

Es waren Juden, keine Frage. Die Nase des Mannes war riesig, er hatte diesen typischen schmutziggelben Teint. Die Frau hatte große dunkle Augen mit tiefen Schatten. Sie sah krank aus.

»Äh – benötigen Sie noch was?« fragte Mr. Lawrence.

Diesesmal antwortete die Frau. Sie schüttelte nur den Kopf. »Wir brauchen nichts«, sagte sie. »Wir sind sehr müde.«

»Überall war es voll«, sagte der Mann. »Niemand konnte uns aufnehmen. Es ist sehr großzügig von Ihnen.«

»Nein, nein«, sagte Mr. Lawrence abwehrend. »Gut, daß wir dieses leere Zimmer hatten. Sie müssen eine schwere Zeit hinter sich haben.«

Darauf entgegneten sie nichts. »Also, wenn ich nichts mehr tun kann, sage ich gute Nacht. Vergessen Sie nicht, den Ofen niedriger zu stellen, falls er raucht. Und – äh – wenn Sie mehr zu essen brauchen oder Decken oder so was, klopfen Sie einfach an die Hintertür und fragen Sie das Hauspersonal. Gute Nacht.«

»Gute Nacht«, kam das Echo, und die Frau fügte noch hinzu: »Und frohe Weihnachten!«

Mr. Lawrence starrte sie an. »Ach ja, natürlich. Vielen Dank.«

Als er zur Haustür zurückging, schlug er seinen Mantelkragen hoch. Es war kalt. Es würde starken Frost geben. Der Dinnergong ertönte gerade, als er den Eingangsflur betrat. Der Gärtnerjunge hatte endlich alle Lampions aufgehängt, und sie baumelten übermütig von der Decke herab. Mrs. Lawrence mixte sich einen Drink am Tisch vor dem Kamin.

»Beeil dich«, rief sie ihm über die Schulter zu, »sonst ist das Essen ruiniert! Wenn ich etwas nicht ausstehen kann, dann ist es lauwarme Ente.«

»Schlafen die Kinder?« fragte Mr. Lawrence.

»Ich glaube nicht«, sagte Mrs. Lawrence. »Es ist schwer, sie Heiligabend zur Ruhe zu bringen. Ich habe ihnen Kakao gebracht und sie ermahnt, ruhig zu sein. Möchtest du einen Drink?«

Später, als sie sich auszogen, steckte Mr. Lawrence

seinen Kopf aus dem Umkleidezimmer herein, in der Hand hielt er eine Zahnbürste.

»Komisch«, sagte er. »Die Frau hat mir frohe Weihnachten gewünscht. Ich wußte gar nicht, daß Juden Weihnachten feiern.«

»Wahrscheinlich weiß sie gar nicht, was es bedeutet«, antwortete Mrs. Lawrence, während sie sich Nährcreme in ihre glatten, runden Wangen massierte.

Nach und nach gingen alle Lichter im Haus aus. Familie Lawrence schlief. Draußen leuchteten die Sterne hell am Himmel. Und in dem Zimmer über der Garage brannte ein Licht.

»Mensch, guck mal, ich habe ein Flugzeug und auch noch eine Lokomotive für meine Eisenbahn!« rief Bob. »Guck, sie funktioniert wie eine echte Lok. Sieh mal den Propeller.«

»Habe ich auch zwei Sachen von Dad?« fragte Marigold, während sie fieberhaft in den Bergen von Geschenkpapier auf ihrem Bett herumwühlte. Die große Puppe, die sie gerade erst ausgepackt hatte, warf sie beiseite. Mit hochrotem Kopf schrie sie das Kindermädchen an: »Wo ist mein zweites Geschenk von Dad?«

»Das kommt davon, wenn man so gierig ist«, zog Bob sie auf. »Guck mal, was ich habe.«

»Dein blödes Flugzeug mache ich kaputt«, sagte Marigold. Die Tränen rannen ihr über das Gesicht.

»Weihnachten darf man nicht zanken«, sagte das Kindermädchen. Sie zog triumphierend eine kleine

Schachtel aus dem Papierhaufen hervor. »Sieh mal, Marigold, was ist denn das hier?«

Marigold riß das Papier ab.

Bald hielt sie eine glitzernde Halskette in den Händen. »Ich bin eine Prinzessin! Ich bin eine Prinzessin!«

»Die ist aber nicht sehr groß!« Bob warf ihr einen vernichtenden Blick zu.

Unten im Wohnzimmer ließen sich Mr. und Mrs. Lawrence gerade den Tee servieren. Es war geheizt, die Gardinen waren zurückgezogen, und das Sonnenlicht durchflutete den Raum.

Die Briefe und Päckchen blieben jedoch unbeachtet, da Mr. und Mrs. Lawrence völlig entgeistert hörten, was das Mädchen Anna ihnen zu erzählen hatte.

»Ich glaube es einfach nicht, das ist doch unerhört«, meinte Mr. Lawrence.

»Kein Wunder, das ist doch typisch für diese Art Menschen«, versetzte Mr. Lawrence.

»Dieser Flüchtlingskommissar kann vielleicht was erleben!« sagte Mr. Lawrence.

»Er wird wohl nichts davon gewußt haben«, sagte Mrs. Lawrence. »Die haben ganz genau aufgepaßt, daß man nichts merkt. Jedenfalls können wir sie jetzt nicht mehr hierbehalten. Hier kann sich keiner um die Frau kümmern.«

»Wir müssen einen Krankenwagen bestellen und sie abholen lassen«, sagte Mr. Lawrence. »Ich fand, daß die Frau schlecht aussah. Sie ist wohl sehr zäh, daß sie das alleine durchstehen konnte.«

»Ach, solche Menschen haben keine Schwierigkeiten beim Kinderkriegen«, behauptete Mrs. Lawrence. »Sie spüren fast gar nichts dabei. Jedenfalls bin ich froh, daß sie in dem Zimmer über der Garage und nicht im Haus waren. Da können sie nicht allzu viel Schaden angerichtet haben.«

»Anna!« rief sie hinter dem Mädchen her. »Sag dem Kindermädchen, die Kinder sollen nicht zur Garage gehen, bis der Krankenwagen hier gewesen ist.«

Jetzt fanden Sie Zeit für ihre Briefe und Päckchen.

»Na, jetzt haben wir doch allen etwas Lustiges zu erzählen«, sagte Mr. Lawrence. »Dann schmecken der Truthahn und der Plumpudding noch mal so gut.«

Nachdem sie gefrühstückt und sich angezogen und die Kinder mit ihren Geschenken auf den Betten der Eltern herumgetobt hatten, machten sich Mr. und Mrs. Lawrence auf den Weg zur Garage. Sie wollten sehen, was man mit den Flüchtlingen anfangen sollte. Die Kinder sollten mit den neuen Sachen im Kinderzimmer spielen, denn – da waren sich das Kindermädchen und Mrs. Lawrence einig – es war schon peinlich, was da passiert war. Außerdem konnte man ja nie wissen...

Vor der Garage hatte sich ein kleiner Trupp schwatzender Dienstboten versammelt. Es waren die Köchin, der Hausdiener, eines von den Stubenmädchen und der Chauffeur und sogar der Gärtnerjunge.

»Was ist hier los?« fragte Mrs. Lawrence.

»Sie sind abgehauen«, antwortete der Chauffeur.

»Wieso denn abgehauen?«

»Als wir gefrühstückt haben, ist der Kerl weggegangen und hat sich ein Taxi besorgt«, sagte der Chauffeur. »Wahrscheinlich ist er zum Taxistand am Ende der Straße gegangen. Zu uns hat er kein Sterbenswörtchen gesagt.«

»Und wir haben gehört, wie der Wagen gekommen ist, und der Mann und der Taxifahrer haben die Frau ins Auto getragen.

»Der Kerl hat nach einem Krankenhaus gefragt, und wir haben ihm gesagt, daß es ein jüdisches Krankenhaus auf dem Weg zur Stadt gibt«, sagte der Chauffeur. »Er hat sich entschuldigt, daß er uns so viel Umstände gemacht hat. Aalglatt war der.«

»Und das Baby. Wir haben das Baby gesehen«, kicherte das Hausmädchen. Dann wurde sie plötzlich ohne ersichtlichen Grund rot.

»Ja«, meinte die Köchin, »ein richtiger kleiner Jude, ganz der Vater.«

Da mußten alle lachen und guckten sich dumm an.

»Dann können wir wohl nichts mehr tun«, sagte Mr. Lawrence.

Die Dienerschaft löste sich auf. Die Aufregung legte sich wieder. Man mußte schließlich noch die Weihnachtsfeier vorbereiten. Von dem ganzen Hin und Her fühlten sie sich schon ganz abgehetzt, dabei war es erst zehn Uhr.

»Wir sehen besser mal nach«, befand Mr. Lawrence und deutete auf die Garage. Mrs. Lawrence verzog das Gesicht und folgte ihm.

Sie stiegen die morsche Treppe hinauf, die zu dem kleinen dunklen Zimmer auf dem Boden führte. Es gab kein Anzeichen von Unordnung. Das Bett war wieder an die Wand gerückt, die Decke lag ordentlich gefaltet am Fußende. Stuhl und Tisch standen an ihrem Platz. Durch das geöffnete Fenster strömte die frische Morgenluft herein. Der Ofen war abgestellt. Es gab nur ein Zeichen dafür, daß jemand im Zimmer gewesen war. Auf dem Fußboden neben dem Bett stand ein Glas kaltes Wasser.

Mr. Lawrence sagte nichts. Mrs. Lawrence sagte auch nichts. Sie gingen ins Haus und in ihr Wohnzimmer zurück. Mr. Lawrence ging langsam zum Fenster hinüber und sah in den Garten hinaus. Am anderen Ende konnte er Bobs Miniaturbahn sehen. Mrs. Lawrence packte ein Geschenk aus, das sie beim Frühstück übersehen hatte. Über ihnen tobten und schrien die Kinder. Ein Zeichen dafür, daß sie sich gut amüsierten oder in den Haaren lagen.

»Willst du nicht Golf spielen? Wolltest du nicht um elf die anderen treffen?« fragte Mrs. Lawrence.

Mr. Lawrence setzte sich am Fenster hin. »Ich habe keine große Lust dazu«, sagte er.

Mrs. Lawrence legte das Schminkköfferchen beiseite, das sie gerade aus mehreren Lagen Papier gepellt hatte.

»Komisch«, sagte sie. »Ich fühle mich auch so leer, ich habe gar kein richtiges Weihnachtsgefühl.«

Durch die geöffnete Tür sahen sie, wie der Tisch im Wohnzimmer für das Mittagessen gedeckt wurde. Die Dekoration nahm sich gut aus, zwischen dem Silber standen kleine Blumensträußchen. Um die Mitte herum lag ein großer Haufen Knallbonbons.

»Ich weiß wirklich nicht, was wir sonst noch hätten tun können«, sagte Mrs. Lawrence plötzlich.

Mr. Lawrence antwortete nicht. Er stand auf und ging im Zimmer auf und ab. Mrs. Lawrence zupfte den Tannenzweig hinter dem Bild zurecht.

»Sie haben uns ja schließlich um nichts gebeten«, sagte Mrs. Lawrence. »Der Mann hätte schon was gesagt, wenn es der Frau oder dem Baby schlechtgegangen wäre. Sicher sind beide wohlauf. Es ist eine zähe Rasse.«

Mr. Lawrence zog eine Zigarre aus seiner Westentasche und steckte sie wieder ein.

»In dem jüdischen Krankenhaus sind sie viel besser aufgehoben als hier«, sagte Mrs. Lawrence, »unter ärztlicher Aufsicht und Pflege und so. Wir wären damit nicht fertiggeworden. Außerdem sind sie so schnell verschwunden, ohne fremde Hilfe. Wir hatten ja gar keine Gelegenheit, etwas zu sagen.«

Mr. Lawrence nahm sich ein Buch und klappte es wieder zu. Mrs. Lawrence nestelte nervös an dem Gürtel ihres Kleides.

»Ja, natürlich«, sagte sie plötzlich, »ich werde hinfahren und mich nach ihnen erkundigen und ihnen Obst und so was hinbringen, vielleicht auch warme Stricksachen. Ich frage sie, ob sie sonst noch was brauchen. Ich könnte heute morgen gehen, aber ich muß ja noch die Kinder zur Kirche bringen...«

Und dann öffnete sich die Tür. Die Kinder kamen herein. »Ich trage meine neue Kette«, sagte Marigold. »Bob hat nichts Neues zum Anziehen.« Sie wirbelte wie eine Ballerina auf ihren Zehenspitzen herum. »Beeil dich, Mummy, sonst kommen wir zu spät und können nicht mehr sehen, wie die ganzen Leute hereinkommen.«

»Hoffentlich singen sie das Weihnachtslied, das wir in der Schule gelernt haben, dann brauche ich den Text nicht abzulesen. Warum wurde Jesus in einem Stall geboren, Dad?«

»Sie fanden keinen Raum in der Herberge«, antwortete Mr. Lawrence.

»Wieso, waren sie denn Flüchtlinge?« fragte Marigold.

Einen Augenblick lang antwortete niemand, dann stand Mrs. Lawrence auf und band sich das Haar vor dem Spiegel.

»Frag doch nicht so etwas Dummes, mein Liebes«, sagte sie.

Mr. Lawrence zog die Fensterflügel auf. Vom Garten her hörte man die Kirchenglocken läuten. Die Sonne verwandelte den sauberen, weißen Rauhreif in glitzerndes Silber. Mr. Lawrence hatte einen eigenartigen, nachdenklichen Gesichtsausdruck.

»Wenn ich doch nur...« Aber er vollendete diesen Satz nicht, denn zwei Wagen kamen mit den Dalys und den Collins durch das Tor die Auffahrt hinaufgefahren. Die Kinder rannten aufgeregt schreiend auf die Treppe hinaus und riefen laut: »Frohe Weihnachten, frohe Weihnachten!«

Wenn Engel tanzen

Man schneidet aus Seidenpapier einige etwa vier Zentimeter große Engelchen und legt sie auf ein Metalltablett. Links und rechts neben das Tablett legt man Bücher oder Holzklötze und darüber eine Glasplatte.

Reibt man nun mit einem Woll- oder Seidentuch über das Glas, so fangen die Figürchen darunter zu tanzen an, sie stellen sich auf, drehen sich, fallen wieder um und stehen erneut auf.

Auch noch größere Kinder werden darüber staunen...

Axel Frohn

Ein Tag im Leben eines Weihnachtsmannes

Heute ging's zeitiger als sonst raus – in aller Herrgottsfrühe ist bei den Fernschleuten der Deutschen Welle Bescherung angesagt. Bis zu Heiligabend sind es zwar noch ein paar Tage, aber als Weihnachtsmann hab' ich schon seit Wochen zu tun. Die Uhr zeigt halb fünf: In zwei Stunden kommt das Taxi. Also los: Waschen, Rasieren, Schminken, den roten Mantel übergestülpt. Bis vor fünf Jahren paßte mir noch der Mantel, den mein Großvater in den zwanziger Jahren getragen hat. Leider kriege ich jetzt die Schöße nicht mehr zu, und deshalb ist das gute Stück nun eingemottet. Das Schwierigste: Vorsichtig streife ich die Maske mit dem wallenden Kunstbart über. Schnell die Locken übergekämmt, den Gürtel mit den Plüschtieren umgeschnallt und raus.

Zu meinen Auftritten fahr' ich immer mit dem Auto. Das ist sicherer als mit der U-Bahn. Dort werd' ich öfter mal angepöbelt, neulich wollte man mir sogar die Tasche mit den Geschenken klauen. Auf dem Alex in Ostberlin haben im vorigen Jahr Skinheads einen Weihnachtsmann mit Baseballschlägern verprügelt.

Beim Sender geht's schnell: Eine Feier im kleinen Kreis. Danach hält mir einer ein Mikro hin. Vor laufender Kamera antworte ich auf Fragen, die schon tausendmal gestellt wurden. Wie lange und weshalb ich das alles tue, ohne auch nur einen Pfennig... Ich nutze die Gelegenheit, um Spenden zu erbitten: Das ganze Jahr über sammle ich kaputtes Spielzeug. Aus zwei defekten Autos mache ich ein funktionstüchtiges, renke Puppen neue Arme und Beine wieder ein, um sie dann auf der Straße zu verschenken. Bis gestern mußte ich betteln gehen, damit ich heute nicht mit leerem Sack dastehe.

Inzwischen ist es zehn Uhr. Ich fahre in die Müllerstraße im Wedding. Dort, in der quirligen Einkaufsstraße, vor dem Karstadt-Kaufhaus, ist mein Lieblingsplatz. Mit fast zwei Zentner Bonbons, die ich mir wie verabredet von der Süßwarenabteilung abgeholt habe, kann's losgehen, nachdem ich einen kräftigen Schluck Glühwein genommen habe. So schön der Schnee zur Weihnachtszeit paßt – zwei, drei Stunden an der Winterluft, das spüre ich in den Knochen.

Kaum, daß ich mich in Positur gerückt habe, umringen mich zwanzig, dreißig Knirpse. Der Weihnachtsmann ist da, begrüßen sie mich aufgekratzt aus voller Kehle. Mit vollen Händen verteile ich das Naschwerk. Ich hab' auch Wunschzettel mitgebracht. Die können die Kinder ausfüllen und mir wiedergeben. Die schönsten Zettel werden prämiert – mit einem Plüschtier.

Ein paar Zettel nehme ich mit und schicke sie den Eltern der Kinder. Manche Mütter zerren ihre Sprößlinge schnell an mir vorbei. Ich ahne, was sie denken: Wer gibt schon was freiwillig? In einem Seniorenheim durfte ich in diesem Jahr nicht auftreten, weil die Leitung des Hauses einen raffinierten Erbschleicher in mir vermutete...

Was sollen die trüben Gedanken. Hier vor dem Kaufhaus vergeht die Zeit wie im Flug. »Eh, Alter, wo hast'n deine Rute?« fragt mich ein Punk mit grünen Haaren. Ja, die nehm' ich nicht mehr mit, seit wir auf dem Welt-Weihnachtsmanntreffen in Bersenbrück

in Niedersachsen beschlossen haben, die Ruten künftig zu Hause zu lassen. In einer Welt, in der Kinder von ihren Eltern geschlagen werden, wollen wir Weihnachtsmänner auf die einschüchternde Rute verzichten.

Mittag, ein Uhr. Meine Straßenvorstellung ist beendet, doch der Feierabend ist noch nicht in Sicht. Ich muß noch zur Kindertagesstätte, in der meine Frau als Erzieherin arbeitet. Die Kleinen glauben noch treuherzig an den guten alten Weihnachtsmann.

Leichtes Spiel für mich – und meine Frau. Die hab' ich übrigens auf dem Weihnachtsmarkt kennengelernt und stilecht im Kostüm geheiratet.

Um halb fünf – draußen ist es schon dunkel – ist mein Pensum geschafft. Freude zu bereiten ist ganz schön anstrengend. Ein Weihnachtsmann genießt seinen Feierabend wie normale Leute auch: Vor dem Fernseher mit einem Bier. Morgen bin ich übrigens wieder Peter Jürgens, Hausmeister im Wedding.

André Kaminski

Der Weihnachtsmann

Wer nicht an Wunder glaubt, ist kein Realist.
Mein Onkel Jimmy Goldbloom

Die einen können es. Die anderen nicht. Wer es kann, ist ein Weihnachtsmann. Wer es nicht kann, ein Sauertopf. Ich zähle mich zu den Weihnachtsmännern und bin ein hoffnungsloser Minderheitler. Wo ich hinkomme, belächelt man mich, weil ich standhaft behaupte: »Die Geschichte wird gut ausgehen.«

»Welche Geschichte?« höhnen die Leute.

»Jede Geschichte«, antworte ich. »Sogar die Weltgeschichte, sofern man will... Aber man muß es halt wollen und danach handeln. Man muß sich verhalten, als gebe es noch eine Chance, und nicht umfallen, wenn der erste Wind bläst.«

»Aha«, spotten die Nachbarn, »dann glauben Sie an den Weihnachtsmann?«

»Ich bin einer«, gebe ich zurück, »und glaube an das Unglaubliche.«

Ich bin zum Beispiel davon überzeugt, daß im Monat Dezember alles möglich ist. Zu anderen Jahreszeiten ebenfalls, aber zwischen Andreas und Silvester ganz besonders. Dann sind die Nächte am längsten, die Lichtbestrahlung in unseren Breitengraden ist am geringsten, und ein gewaltiger Strom von elektrisch geladenen Partikeln – Sie wissen, wovon ich spreche – durchquert unbehindert die Erdhülle. Milliarden und Abermilliarden von sogenannten Ionen machen die Luft zum Energieleiter, und zwischen den Menschen entsteht ein unsichtbares Band der Solidarität. Die Solidarität läßt sich quantifizieren wie jede andere Energie. In Mikrosol, Kilosol und Megasol. Im allgemeinen ist diese Energie lächerlich klein. Der Geigerzähler schlägt fast nicht aus, wenn man sie messen will, aber im Weihnachtsmonat wächst sie um das fast Hundertfache und schafft die Bedingungen für die Möglichwerdung des Unmöglichen. Bei den Christen spricht man dann von »Weihnachtsaura«, bei den Juden von »Chanukastimmung« und bei den Heiden von »Dezemberrummel«.

In so einer solidaritätsgeladenen Zeit – genau gesagt, am 24. Dezember 1965 – machte ich im polnischen Fernsehen eine Festtagssendung. Nun fragen Sie vielleicht: Was sucht ein anständiger Mensch beim Fernsehen? Oder in einer Spielhölle? Oder in einem Bordell? Die Frage ist gut, aber meine Antwort ist besser. Sie wissen doch, daß man die fähigsten Missionare zu den *Wilden* schickt. MacLellan opferte sein Leben bei den Menschenfressern. Monmoulin starb als Priester auf der Teufelsinsel. Johannsmann wurde, während er einen Lustmörder bekehrte, in die

Gurgel gebissen und starb an einer Blutvergiftung. Ich jedenfalls arbeitete beim Fernsehen und träumte davon, diese frevelhafteste aller Institutionen mit Menschlichkeit zu erfüllen. Wie kam es, werden Sie möglicherweise fragen, daß man mich dort überhaupt eingestellt hat? Die sind doch nicht so blöd, einen Moralisten bei sich aufzunehmen! Auch diese Frage ist berechtigt, doch wahrscheinlich wissen Sie *nicht*, daß der Direktor schon über 70 Jahre alt war und hin und wieder an den Tod dachte. Er ahnte, daß er in nicht allzu ferner Zukunft vor seinem Richter stehen und Rechenschaft ablegen müßte über die Sünden seines Lebens. Dafür brauchte er einen Pluspunkt – und so gab er mir eine Chance. Er machte mich zum Showmaster, und ich wurde – wenn ich es in aller Bescheidenheit selber so sagen darf – zum Liebling der Nation. Wenn meine Sendungen über die Antenne gingen, waren die Straßen leergefegt. Das ist zwar ein wenig übertrieben, doch an dem genannten 24. Dezember schaute mir tatsächlich ganz Polen zu.

Ich hatte angekündigt, daß ich am Heiligen Abend ein Wunder vollbringen würde. Ich wollte zwischen 20 Uhr und Mitternacht in irgendeine Stadt der Welt telefonieren, in der es große polnische Kolonien gibt oder zumindest Leute polnischer Herkunft, mit denen ich Polnisch sprechen könnte. Ich dachte zum Beispiel an Chicago, wo man sich ja wie in Warschau vorkommen soll. Wer dort nicht Polnisch redet, braucht – so erzählte es mir jemand – ein Wörterbuch, um sich zu verständigen. In Chicago wollte ich versuchen, einen Menschen ausfindig zu machen, der aus irgendeinem Grund jede Hoffnung aufgegeben und keine Lust mehr am Dasein hatte. Ich wollte auch versuchen, dem Verzweifelten im Laufe eines Abends – innerhalb von vier Stunden also – Lebensfreude zurückzugeben und ihn wieder glücklich zu machen. Wenn mir das bis Mitternacht gelingen würde, müßten sich alle Sauertöpfe Polens geschlagen geben. Sie müßten sich zum Optimismus bekehren und mir das durch ein verabredetes Lichtsignal zu verstehen geben. Wenn mir mein Plan aber nicht gelänge, würde ich den Rückzug antreten und nie wieder – ich setzte aufs Ganze – eine Fernsehsendung moderieren.

Ich höre, wie Sie sich ins Fäustchen lachen. Ein Heilsarmist. Ein Missionar, der die Zulukaffer auf den richtigen Weg führen will. Ein barmherziger Samariter, der ein schlechtes Gewissen hat und sich den Weg ins Himmelreich erheucheln möchte. Ja, so haben sicher auch damals viele Leute gedacht. Ich aber ließ mich nicht entmutigen...

Ich erklärte also zunächst meinen Zuschauern, daß wir uns gegenseitig durch An- und Ausmachen unserer Lichter verständigen müßten. Wer der Meinung sei, man könnte einem Hoffnungslosen innerhalb von vier Stunden Lebensmut einflößen, der möge seine Wohnung erhellen. Alle anderen sollten die Lichter löschen und eine Minute lang in völliger Dunkelheit verharren. Was Sie denken, traf wirklich ein. Warschau verfinsterte sich. Alle Lampen gingen aus. Nur

ein paar Wirrköpfe glaubten an das Unglaubliche. Sie löschten ihre Lichter *nicht* und bewiesen mir, daß noch nicht alle Hoffnung verloren war.

Ich hatte fast die ganze Nation gegen mich. Die Aussicht, meine Wette zu gewinnen, war minimal, und ich begann meine Sendung mit weichen Knien. Vielleicht hatte ich das Maul zu voll genommen. Vor eingeschalteten Kameras und offenen Mikrophonen ließ ich mich nun mit Chicago verbinden. Es gab kein Kneifen mehr. »Bitte verbinden Sie mich mit der Auskunft. Jawohl. Mit der Telefonauskunft in Chicago. Was heißt, warum? Weil es so sein muß. Hier spricht das polnische Fernsehen in Warschau, und ich mache ein ungewöhnliches Experiment. Ohne Ihre Hilfe geht es *nicht*, Fräulein. Bitteschön! Ich kann warten.«

In Wirklichkeit platzte ich fast vor Spannung. Nicht nur ich. Drei Millionen Zuschauer platzten fast vor Spannung. Ich konnte nicht mogeln – denn alles geschah vor den Augen des Publikums. Live, wie man das heute nennt. Es durfte nicht schiefgehen – ich wäre erledigt gewesen. Das Fernsehen, wie Sie wissen, duldet keine Pause. Schweigen bedeutet Langeweile, und wenn sich das Publikum langweilt, schaltet es aus.

Da meldete sich Chicago. Gott sei Dank. Ich stellte mich vor und erklärte meinen Plan. Das Fräulein vom Amt war in festlicher Laune, und ich wußte sofort, daß ich Glück hatte. »Ich bin ein Showmaster des polnischen Fernsehens«, sagte ich, »und möchte Sie bitten...«

»Was sind Sie?«

»Ein Showmaster des polnischen Fernsehens.«

»Das ist ja fabelhaft«, säuselte die Unbekannte, »das wird mir niemand glauben, daß ich mit einem echten Filmstar gesprochen habe. Ich bin schon 22 Jahre alt, und bis heute habe ich noch nie so etwas erlebt. Ich bin ganz aufgeregt, Mister Kaminski...«

»Sie haben mich falsch verstanden. Ich bin kein Filmstar, sondern ein Moderator. Ich moderiere jetzt eine Weihnachtssendung, und ganz Polen hört Ihre Stimme. Können Sie mir helfen?«

»Of course I can. Natürlich kann ich Ihnen helfen. Sie suchen einen Menschen, der alle Hoffnung verloren hat. Warten Sie mal! Da ist bestimmt einer, der heute arbeiten muß. Einer, der keine Familie hat. Auf den keiner wartet. Vielleicht ein Taxichauffeur. Das ist eine Idee, Mister Kaminski. Ich verbinde Sie weiter. Ich gebe Ihnen die Chicago Taxi Corporation. Okay?«

»Einverstanden, und frohe Weihnachten!«

»Good luck, Mister Kaminski!«

Ich wurde weiterverbunden: »Hallo, hier ist die CTC, was wünschen Sie?«

Ich erklärte zum dritten Mal, was ich auf dem Herzen hatte, und eine Männerstimme antwortete, als wären wir alte Kameraden: »Da sind Sie am richtigen Ort, Mister. Einen Kerl suchen Sie, der die Nase voll hat? Klar gibt es den. Wir haben Tonnen von solchen Kerlen. Bei uns haben alle die Nase voll. Da hab' ich zum Beispiel einen, der Gadomski heißt. Edek Gadomski, noch keine 50 Jahre alt. Gestern hat er versucht, sich in den Fluß zu stürzen, der Quatschkopf. Bei uns ist es aber nicht so leicht, sich in den Fluß zu stürzen. Wir haben die beste Wasserpolizei der Welt, und ein Cop hat ihn mit einem langen Haken aus dem Wasser gefischt. Und was meinen Sie, was *heute* passiert ist? Gadomski ist wieder zur Arbeit gekommen – als sei alles in bester Ordnung. Steht jetzt... Warten Sie mal!... Jetzt steht er hinterm Water Tower und bekommt kalte Füße, weil niemand Taxi fährt am Heiligen Abend.«

»Was ist er denn für ein Exemplar, dieser Gadomski?«

»Ach Gott. Ein Taxichauffeur wie alle anderen. Ein Höhlenbewohner, der noch keine 100 Wörter verloren hat, seit er bei uns ist. Ein verdammter Sauertopf.«

»Ein stiller Bürger, wollen Sie sagen? Schweigende Mehrheit?«

»Das kann man wohl sagen. Schweigend zum Aus-der-Haut-Fahren. Ein zugenähter Polacke. Sie wissen ja vielleicht, wie die sind.«

»Allerdings weiß ich das. Ich telefoniere aus Polen.«

»Oh, verzeihen Sie, Mister Kaminski. Ich wollte nur sagen, daß man es schwer hat, an dieses Volk heranzukommen. Sie sind fleißige Leute. Niemand kann sich beklagen, aber kein Hund weiß, was sie denken. Saufen sich voll, kneifen die Kiefer zusammen und sind beleidigt.«

»Ich verstehe Sie ganz genau, lieber Freund. Aber würden Sie bitte so gut sein, mich mit ihm zu verbinden?«

»Mit wem? Mit dem Selbstmörder?«

»Mit Edek Gadomski, der sich gestern in den Fluß gestürzt hat. Ich möchte mit ihm reden.«

»Das möchte jeder, aber Sie werden nichts hören von ihm. Keinen Piep, Mister Kaminski. Wenn Sie von diesem Kerl was rauskriegen, fress' ich 'nen Besen. Gut, ich verbinde Sie weiter.«

Meine Wette konnte losgehen.

Die Uhr des Schicksals begann zu ticken. Jetzt knackte es in der Leitung. Am anderen Ende der Welt würde mir gleich aus einem Taxi hinterm Water Tower in Chicago ein Mensch entgegenknurren, von dem ich nicht einmal wußte, wie er aussah. Ich war unheimlich neugierig. War er groß oder klein, dünn oder dick, gutmütig oder böse? Würde er überhaupt antworten auf meine Fragen? Mir war nur eines klar: daß meine Zukunft in seinen Händen lag. Von ihm hing es ab, ob das nun meine letzte Sendung war oder nicht.

»Hier Gadomski, Nummer 23. Was wollen Sie?«

»Hier Kaminski, Nummer 24. Ich spreche aus Warschau.«

»Bin ich nicht zuständig. Ich fahr' nicht weiter als Baltimore.«

»Das schadet gar nichts, Mister Gadomski. Ich rufe Sie in einer anderen Angelegenheit an.«

»Nur bis Baltimore, hab' ich gesagt. Bis nach Warschau ist meine Kiste kaputt.«

»Ich pfeife auf Ihre Kiste, Mister Gadomski. Ich will nur ein paar Fragen stellen. Sind Sie bereit, mir zu antworten?«

»Stell deine Fragen, Landsmann, und wir werden sehen!« Das war nicht übel. Er hätte einhängen können, aber er tat es nicht. Der Mann in der Zentrale mußte jetzt schon einen Besen fressen, denn Gadomski hatte gesprochen. Und zwar mehr als einen Piep. Jetzt aber kam der entscheidende Moment. Die richtige Frage. Wenn ich Gadomski aus dem Busch klopfte, war ich gerettet. Wenn nicht... Ich entschied, darüber lieber nicht nachzudenken. »Sie sind gestern ins Wasser gesprungen, Herr Gadomski. Am River Shore Drive, soviel ich weiß. Warum haben Sie das getan? Doch nicht, um zu baden.«

Es rührte sich nichts in der Leitung. Dem Taxichauffeur hatte es offenbar den Atem verschlagen. Dann aber pustete er in den Hörer hinein: »Jetzt hör einmal zu, alter Knabe. Das geht dich einen feuchten Dreck an, warum ich da reingesprungen bin. Der River Shore Drive ist meine stinkprivate Angelegenheit. Verstehst du? Meine und nicht deine. Was ich dort treibe, ist Privatsache. Wenn ich den Kanal voll habe, ist das *mein* Kanal, und ich frage keinen abgefuckten Kommunisten... Bist doch ein Kommunist, oder?«

Theoretisch mußte ich sofort Schluß machen. Der Rüpel hatte mich beleidigt – und auch ein Showmaster hat seine Ehre! Fuhr ich jetzt fort, war ich ein Lump. Brach ich die Übung ab, war ich arbeitslos. Verdammt. Da hatte ich meinen Verzweifelten, aber der war entschlossen, mich zur Sau zu machen. Ich riß mich zusammen und antwortete mit väterlicher Geduld: »Ich bin ein Mensch, Herr Gadomski. Ein ganz gewöhnlicher Mensch – wie Sie. Bei uns feiert man jetzt Weihnachten. Bei euch ebenfalls, soviel ich weiß. Darum bitte ich Sie, ausnahmsweise mal etwas liebenswürdiger zu sein als sonst. Ich will ja nur wissen, warum Sie plötzlich keinen Ausweg mehr gesehen haben.«

»Weil es mich anscheißt, das alles. Von oben bis unten scheißt es mich an.«

»Aber es wird doch einen Anlaß gegeben haben. Einen unmittelbaren Grund.«

»Den hat es gegeben, Mann. Und wie es den gegeben hat! Meine Frau ist mir durchgebrannt, verstehst du? Verpißt hat sie sich, verkrümelt wie ein Taschendieb. Weg war sie und hat mich allein gelassen. Ist es das, was du wissen wolltest?«

»Es gibt doch drei Milliarden Frauen auf der Welt, Herr Gadomski. Mußten Sie da unbedingt gleich ins Wasser springen?«

»Allerdings, Klugscheißer, ich bin nämlich mit einer einzigen verheiratet und nicht mit drei Milliarden. Wenn die abhaut, bin ich fertig.«

»Das kann ich begreifen, Herr Gadomski.«

»Ich hab nämlich was übrig für meine Frau.«

»Und warum ist sie davongelaufen?«

»Weil ich nie rede mit ihr, hat sie gesagt. Weil ich sie anschweige und nach Fusel rieche. Aber was willst du? Wir Polacken sind halt so. Wir gehen zur Arbeit, bringen Geld nach Hause, und hin und wieder besaufen wir uns, weil alles so beschissen ist.«

»Und da hat sie die Koffer gepackt und ist gegangen?«

»Es sei eine Folter, hat sie gesagt, mit einem Kerl zu leben, der die Fresse nicht auftut, und wenn es einmal vorkommt, dann stinkt er nach Schnaps. Das sind *ihre* Worte, jawohl, und am letzten Montag hat sie ihre Siebensachen genommen und ist weggefahren. Zu ihrer Schwester nach Milwaukee. Wie ich zurückkomme von der Nachtschicht, ist die Wohnung leer. Ausgestorben. Tot wie eine überfahrene Ratte.«

»Und dann?«

»Merkte ich, daß ich was übrig habe für sie.«

»Also lieben Sie Ihre Frau, wenn ich recht verstehe.«

»Ich schon.«

»Und Ihre Frau?«

»Mich nicht, sonst wär sie ja nicht zu ihrer Schwester gefahren. Was sucht sie bei ihrer Schwester, wenn sie 'nen Mann hat? Und das Hochzeitsfoto – hat sie runtergenommen von der Wand, um mir zu sagen, daß es aus ist zwischen uns... Sie will mich kaputtmachen!«

»Woher wissen Sie das, Herr Gadomski? Vielleicht hat sie es mitgenommen zur Erinnerung.«

»Woran denn? An meine Visage, oder was?«

»Mag sein, daß sie Gefallen hat an Ihrer Visage. Vielleicht sitzt sie am Küchentisch. In Milwaukee, bei ihrer Schwester. Und schaut das Bild an und findet, daß Sie der schönste Mann der Welt sind.«

»Erzählen Sie keinen Blödsinn! Sie denkt an 100 Sachen, aber nicht an mich.«

»Wollen wir wetten, daß sie gerade jetzt an Sie denkt?«

»Hab' keine Lust zu wetten – aber sie fehlt mir. Der Teufel weiß, warum, aber ich hab' gar nicht gewußt, daß mir jemand so fehlen könnte. Seit sie weg ist, steckt mir was in der Kehle.«

»Was?«

»Kann ich nicht sagen auf polnisch. Bin schon lang nicht mehr drüben gewesen. Mehr als 40 Jahre.«

»Dann sagen Sie es auf englisch! Ich werde es schon verstehen.«

»Kann ich auch nicht... Dafür gibt es keinen Ausdruck.«

Ich spürte, daß Gadomski in diesem Moment nicht weiterkonnte. Er atmete schwer, und über zehntausende von Kilometern ahnte ich, daß er schrecklich allein war. Ich mußte etwas sagen, ganz egal was, denn ich wußte ja: Die Zuschauer wollen, daß etwas passiert. Also raffte ich mich zusammen: »Wie sieht sie denn aus, die Frau, die Ihnen so fehlt?«

»Sie heißt Rosa, und so sieht sie auch aus. Wie eine Rose. Eine Puertoricanerin. Mit langem Haar und grünen Augen. Ich weiß nicht, ob sie schön ist. Für mich ist sie schön. Ich würde sie erkennen unter 100 000 Frauen. Weißt du was, alter Knabe: Meine Frau ist eine Muschel. Wenn ich neben ihr liege, hör ich das Meer rauschen.«

Ich gebe zu: Am Anfang unseres Gesprächs war mir Gadomski unsympathisch gewesen, seine rüpelhafte Art hatte mich abgestoßen. Aber mit diesen Worten und der Anhänglichkeit an seine Frau hatte er mich erobert. Von jetzt an war er mein Bruder. Ich hatte keine Ahnung von ihm, doch ich begann ihn zu lieben und wollte ihm helfen: »Wäre es Ihnen recht, Herr Gadomski, wenn ich mit ihr telefonieren würde?«

»Wozu?«

»Um ihr mitzuteilen, daß Sie verrückt nach ihr sind. Daß Sie nicht leben können ohne sie.«

»Sag ihr, was du willst, aber nützen wird es überhaupt nichts. Wenn sie sich was in den Kopf setzt, ist sie stur wie ein Maulesel.«

»Ich bitte sie – im Namen von drei Millionen polnischen Fernsehzuschauern. Geben Sie mir ihre Nummer in Milwaukee.«

»Muß das sein?«

»Es muß nicht sein – aber Sie wissen ja. In dieser Nacht kam der Erlöser auf die Welt...«

»Bitte schön, wenn Sie unbedingt wollen...«

Jetzt hatte er *Sie* zu mir gesagt: Bitte schön, wenn Sie unbedingt wollen. Gadomski hatte sich verwandelt im Verlauf unseres Gesprächs. Oder hatte *ich* ihn verwandelt? Oder *er* mich? Oder mischte da noch einer die Karten in diesem Spiel? Jedenfalls gab er mir die Nummer seiner Frau, und das Abenteuer konnte weitergehen.

Ich rief also in Milwaukee an und bat Frau Gadomski an den Apparat. Jawohl, Frau Rosa Gadomski. Ich zitterte, daß sie nicht zu Hause sein könnte... Aber sie war da, als hätte sie auf meinen Anruf gewartet. Ich stellte mich vor und sagte ihr das wenige, das ich wußte. Daß ihr Mann verrückt sei nach ihr und nicht leben könne ohne sie. Sie schwieg, und ihr Schweigen drückte Unglauben aus. Ich spürte das und fügte hinzu: »Ich habe Beweise dafür. Gestern früh hat er versucht, sich das Leben zu nehmen. Vom River Shore Drive ins eiskalte Wasser...«

»Um Gottes willen!«

»Er hat Glück gehabt, Ihr Mann. Sie haben ihn rausgefischt, und jetzt ist er wieder bei der Arbeit.«

»Ist das wahr, was Sie erzählen?«

»Ich hab' mit ihm gesprochen. Vor kaum einer halben Stunde. Und wissen Sie, was er gesagt hat? Daß Sie grüne Augen haben und langes Haar. Für ihn seien Sie die schönste Frau der Welt und...«

»Was?«

»Sie seien wie eine Muschel. Er höre das Meer rauschen, wenn er neben Ihnen liegt.«

»Was wollen Sie von mir, Mister Kaminski?«

»In zwei Stunden läuten die Glocken bei uns. Weihnachten. Ich habe einen Wunsch, den Sie nicht ausschlagen dürfen.«

»Ich höre.«

»Wären Sie bereit, Frau Rosa, ihn anzurufen? Er steht mit seinem Taxi hinterm Water Tower in Chicago – Sie kennen ja seine Nummer...«

»Warum?«

»Ich verstehe Sie nicht.«

»Warum soll ich ihn anrufen?«

»Weil man sich heute versöhnen soll. Und weil er Sie liebt. Er liebt Sie mehr als sich selbst.«

»Woher wissen Sie das?«

»Weil er's mir gesagt hat.«

»Warum sagt er das *Ihnen* – und nicht mir?«

»Das weiß nur Gott, Frau Rosa. Aber ich weiß mit Gewißheit, daß er Sie liebt. Ohne Sie muß er sterben...«

Und damit kam es zur zweiten Pause in meiner Sendung. Ich hörte sie atmen. Ich sah sie vor meinen Augen. Mit langem Haar und grünem Blick und winzigen Tränen an den Wimpern. Dann knackte es in der Leitung. Sie hatte aufgehängt. Schluß.

Warum wollte ich die beiden nur zusammenbringen? Warum wollte ich das unglückliche Paar glücklich machen? Warum mußte ich denn den Weihnachtsmann spielen? Wahrscheinlich, weil ich ein schlechtes Gewissen hatte. Weil ich mich schämte, immer so unbekümmert in den Tag gelebt zu haben. Mich satt gegessen zu haben, während die Welt hungerte. Viele Jahre lang hatte ich sensationshungrig in die Arena geschaut, in der sich die Gladiatoren gegenseitig totschlugen. Den Zweiten Weltkrieg hatte ich auf meinem Logenplatz in der Schweiz überlebt. Meine Motive in dieser Sendung waren lobenswert, aber bedenklich. Oder noch schlimmer: lächerlich und grotesk.

Es war inzwischen spät geworden. Es blieben noch 50 Minuten bis Mitternacht. Bald würde ich wissen, ob ich meinen Job aufzugeben hatte – oder nicht. War das also meine letzte Fernsehsendung? Wer würde gewinnen? Hans-guck-in-die-Luft oder die Sauertöpfe? Ich fieberte vor Spannung. Jetzt spielte Wanda Wilkomirska. Die A-dur Sonate von Mozart. Ich liebte diese Sonate. Aber an jenem Abend schien sie mir endlos lang. Die Turmuhren schlug halb zwölf, als der letzte Ton verklang. Jetzt konnte ich nicht länger warten. Ich rief in Chicago an: »Verbinden Sie mich bitte mit Gadomski 23. Taxifahrer hinterm Water Tower, wenn er noch dort ist...«

»Aber gern, Mister Kaminski. Alle meine Freunde wissen bereits, daß ich Sie kenne. Gadomski 23, haben Sie gesagt? Sofort, Mister Kaminski, und grüßen Sie Ihre Landsleute von mir. Dowidzenia! Auf Wiedersehen!«

Ich war gespannt wie eine Reitgerte. Da knisterte es in der Leitung: »Gadomski am Apparat.«

»Hier noch einmal Kaminski aus Warschau. Was gibt's denn Neues bei Ihnen?«

»Was es Neues gibt? Nichts Besonderes...«

Das Herz blieb mir stehen, und ich glaubte, tot umfallen zu müssen. »Nichts Besonders, sagen Sie – ist das wahr?«

»Außer einer Kleinigkeit.«

»Und zwar?«

»Der Weihnachtsmann ist gekommen. Er sitzt hinten in meinem Taxi und will, daß ich ihn in den Himmel fahre.«

»Machen Sie keine Witze, Herr Gadomski! Was gibt es Neues?«

»Rosa hat angerufen. Sie kommt zurück zu mir, hat sie gesagt, und an Silvester gehen wir tanzen.«

Nur Sekunden danach richteten wir unsere Kameras auf die finstere Hauptstadt. Schnee glitzerte auf den Dächern. Seidene Flocken schwebten vom Himmel, und das Wunder geschah: Warschau erstrahlte in 100 000 Lichtern. Die Ionen segelten durch die Atmosphäre, und drei Millionen Polen wischten sich die Tränen aus den Augen. Es war Weihnacht. Ich hatte Schicksal gespielt und Glück gehabt. Dank Rosa und Gadomski.

JOHANNES MARIO SIMMEL

Der schlimmste Tag des Jahres

Man konnte ihn nicht schön nennen, beim besten Willen nicht! Sein Fell, schwarz und weiß gefleckt, war zerzaust und struppig, die Beine waren zu mager, zu kurz und zu krumm, die ungleichen Schlappohren hingen traurig herab. Und Traurigkeit blickte aus den runden, glanzlosen Augen. Es war ein trauriger kleiner Hund.

Unsicher und schüchtern strich er in der Bahnhofshalle umher. Die Bahnhofshalle war gewaltig groß und strahlend erhellt. Es gab die verschiedensten Geschäfte – wer Geld hatte, konnte dicke Zigarren kaufen, geistreiche Bücher, die feinsten Delikatessen, die buntesten Bonbons, betörend duftende Parfums aus dem fernen Paris.

In der Mitte der gewaltigen Bahnhofshalle stand ein Weihnachtsbaum. Der war glatt zehn Meter hoch! Elektrische Kerzen leuchteten auf seinen Zweigen, silbernes Lametta hing von ihnen herab. Der Weihnachtsbaum war fast so gewaltig groß wie die Bahnhofshalle. Unter dem Stern an seiner Spitze stand zu lesen, daß die Deutsche Bundesbahn ein gesegnetes Fest entbot. Das stand da schon seit einer Woche zu lesen, aber heute abend war es endlich soweit! Heute abend war der vierundzwanzigste Dezember.

Draußen war es sehr kalt. In der Halle war es wärmer. Darum war der kleine Hund in die Halle gekommen. Weil es draußen auf den regennassen Straßen so fürchterlich gefroren hatte. Er war auch hungrig. Aber die Kälte war schlimmer gewesen. Kälte ist das schlimmste für kleine Hunde.

Es waren sehr, sehr viele Menschen in der Halle. Der kleine Hund mußte verflixt aufpassen, daß niemand aus Versehen auf ihn trat. So viele Menschen waren da. Wohin er sah, er sah nur Beine! Beine von Damen und Beine von Herren und Beine von Kindern. Und Beine von anderen Hunden, größeren, schöneren, feineren. Und glücklicheren. Die anderen Hunde marschierten allesamt neben den Beinen ihrer Besitzer einher, es waren Hunde mit Anhang, sie waren nicht so allein wie der kleine Hund mit den ungleichen Schlappohren und der gefleckten Nase.

Nicht alle Menschen in der Halle waren Kunden der Bundesbahn. Nicht alle verreisten. Viele erledigten in der Halle zur allerletzten Minute ihre Weihnachtseinkäufe. Bis in den späten Nachmittag hatten sie noch an ihren Schreibtischen gesessen, in Konferenzen, hinter Schaltern. Die Läden in der Stadt hatten bereits geschlossen, nur die Geschäfte in der Bahnhofshalle waren noch geöffnet. Viele Leute kauften viele Dinge, wohlriechende, wohlschmeckende, schön anzusehende. Zwischen den Leuten bewegte sich der kleine, magere Hund. Viele sahen ihn. Viele

hörten ihn, denn manchmal winselte er dünn, leise und sehr bescheiden. Aber es war achtzehn Uhr dreißig am vierundzwanzigsten Dezember! Wer in der Welt hatte da Zeit, sich um einen kleinen Hund zu kümmern?

Ein Herr sagte: »Na, hast du dich verlaufen?«

Eine Dame sagte: »Sieh doch, Felix, der arme Hund! Müßte man nicht...«

Aber Felix unterbrach sie: »Los, los, los! Der Wagen steht im Halteverbot. Wegen dem Köter kriegen wir noch ein Strafmandat!«

Wie gesagt, es war der vierundzwanzigste Dezember!

Ein kleines Mädchen rief: »Mami, Mami, schau, der Hund! Ist der häßlich! Da ist unser Rex aber viel schöner!«

Ein großer Bernhardiner beschnupperte den kleinen Hund dort, wo große Hunde kleine Hunde zu beschnuppern pflegen.

Und ein sehr nervöser, sehr gereizter Herr, der an diesem Abend noch elf Familienangehörige zu bescheren hatte, gab dem kleinen Hund einen kleinen Tritt, als er ihm in den Weg lief, und brummte: »Auch das noch!«

Neben dem gewaltigen Lichterbaum der Deutschen Bundesbahn stand eine Bank. Ein altes Fräulein saß darauf. Fräulein Strohbach war ihr Name: Emilie Strohbach, Rentnerin.

In einem altmodischen, aber peinlich gepflegten schwarzen Persianermantel saß sie da, einen winzigen schwarzen Hut auf dem weißen Haar. Die kleinen Füße steckten in altmodischen Stiefelchen, die kleinen Hände steckten in einem altmodischen Muff. Fräulein Emilie Strohbach war sehr klein und sehr alt. Ihr Gesicht trug einen Ausdruck von Verzagtheit und Güte. Fräulein Strohbach war zu alt... Alle Verwandten hatte sie überlebt, nun stand sie ganz allein auf der Welt. Das ist kein Spaß, alt und allein zu sein! Von allen Tagen des Jahres fürchtete Fräulein Strohbach seit langem diesen am meisten: den Heiligen Abend, diesen fürchterlichen vierundzwanzigsten Dezember.

Das war vielleicht ein Tag, der hatte es in sich! Die anderen Tage waren auch kein Honiglecken, aber dieser Vierundzwanzigste war bei weitem der schlimmste.

Zu Hause, in dem dunklen Zimmer mit den dunklen Möbeln, fühlte man sich erdrückt von der Erinnerung. Zu Hause konnte man immer nur denken: damals, damals, damals... Zu Hause mußte man immer weinen.

Nicht daß es ungemütlich oder kalt gewesen wäre zu Hause – nein, das nicht. Es gab Wärme und Lebkuchen und auch einen Tannenzweig mit einer gelben Kerze, denn Fräulein Strohbach erhielt dreihundert Mark Rente im Monat, und davon konnte man zur Not auch noch leben, wenn man sich davon auch zur Not keinen Mercedes 600 kaufen kann... Aber was hätte Fräulein Strohbach mit einem Mercedes 600 anfangen sollen...?

Nein, es war weder Kälte noch Armut, vor denen das Fräulein sich in ihrem Zimmer fürchtete. Es war etwas anderes. Es war die Einsamkeit. Die Einsamkeit war es, die sie daheim nicht ertrug.

Und so war Fräulein Strohbach hierher in die Bahnhofshalle gewandert, weil es hier doch um vieles gemütlicher war. Stimmen und Gelächter gab es hier, andere Menschen, die man bei ihrem interessanten Tun beobachten konnte. Leben, Leben gab es hier!

Fräulein Strohbach liebt die Halle fast schon. Sie war entschlossen, noch lange hier zu verweilen. Die Bank bot viel Platz, denn sie war leer. Das kleine Fräulein dehnte und reckte sich.

Sie war der einzige Mensch weit und breit, der saß. Alle anderen hasteten oder standen. Das Karussell des Weihnachtsfestes kreiste um Fräulein Strohbach, sie war sein Mittelpunkt. Und sie dachte beklommen diese drei Gedanken:

Erstens: Wenn ich doch nur noch einen einzigen Menschen hätte, zu dem ich gehen könnte. Zweitens: Wenn ich doch nur ein bißchen mehr Geld hätte, um mir auch etwas Schönes kaufen zu können. Drittens: Wenn doch dieser Vierundzwanzigste bloß schon vorüber wäre.

Gerade während sie den dritten Gedanken dachte, sah sie den kleinen Hund.

Auf seinem mühevollen Weg durch die große Halle war der kleine Hund endlich bei der Bank neben dem Lichterbaum gelandet. Da stand er nun und sah Fräulein Strohbach an mit traurigen, demütigen Augen.

Die ungleichen Ohren hingen herab, und der Stummelschwanz bewegte sich rastlos.

Fräulein Strohbach war der einzige Mensch in der Halle, der Zeit hatte. Fräulein Strohbach beging einen Fehler. Sie gab dem kleinen Hund zwei kleine, freundliche Worte. Sie sagte: »Na, du?«

Damit war sie sozusagen bereits verraten und verkauft.

Der kleine Hund geriet vollkommen außer sich. Er bellte entzückt, sprang auf die Bank und begann dem alten Fräulein die Hand zu lecken, die sie aus dem alten Muff genommen hatte.

Stundenlang, tagelang war er umhergeirrt. Nun sagte jemand »Na, du?« zu ihm. Das nahm er natürlich als Sympathie-Erklärung. Hand aufs Herz, was hätten Sie an seiner Stelle getan?

Es gibt einen äußersten Grad von Einsamkeit, aus dem wächst die Bereitschaft zum Glauben. Der häßliche Hund glaubte, Fräulein Emilie Strohbach habe Interesse an ihm gefaßt. Also winselte er und beleckte die Hand und zeigte sich von seiner freundlichsten Seite, nämlich im rechten Profil: Rechts war sein Fell weniger struppig.

Fräulein Strohbach lachte ein bißchen, dünn und hoch. Sie streichelte den Hund ein bißchen unsicher und schwach. Sie sagte: »Lauf, Kleiner, lauf!«

Aber der Hund lief nicht. Er legte seinen Kopf in des Fräuleins Schoß und lächelte selig. Das Lächeln besagte: Endlich daheim! Das Lächeln versetzte das Fräulein in Panik. Um Himmels willen, dachte sie –

was, wenn ich den Hund nicht mehr los werde? Lieber Gott, was soll ich mit einem Hund anfangen? Ich, die selber gerade noch so durchkomme. Hilf mir, lieber Gott. Mach, daß der kleine Hund ein Einsehen hat und weggeht!

Aber der liebe Gott erhörte ihr Flehen nicht. (Man weiß, wieviel der arme liebe Gott an einem vierundzwanzigsten Dezember zu tun hat.)

»Geh weg«, sagte Fräulein Strohbach und schubste den kleinen Hund ein bißchen. Er fiel zur Erde, bellte kurz und vergnügt – und sprang wieder auf die Bank. Das war ein lustiges Spiel, es machte ihm Spaß.

»O Gott«, sagte Fräulein Strohbach.

Sie stand auf und eilte zum Ausgang der Halle. Der kleine Hund folgte ihr laut bellend.

Fräulein Strohbach versuchte es mit verschiedenen Listen. Sie ging sehr rasch, sie lief beinahe. Sie versteckte sich hinter einer Säule. Sie schlug Haken und beschrieb gewagte Bögen. Der kleine Hund folgte ihr fröhlich bellend allüberallhin.

Zuletzt landete Fräulein Strohbach außer Atem wieder auf der Bank neben dem Lichterbaum. Noch ehe sie saß, saß schon der Hund.

Verzweiflung bemächtigte sich des Fräuleins.

Sie sagte zu dem kleinen Hund, der sie aufmerksam betrachtete: »Was soll ich mit dir anfangen? Ich bin arm, verstehst du das nicht? Ich bin zu arm, um einen Hund zu haben.«

Er bellte übermütig.

»Bell nicht. Laß mich in Ruhe. Hast du denn kein Zuhause, wo du hingehen kannst?«

Der kleine Hund schüttelte den Kopf.

»Ach, lieber Gott im Himmel«, sagte Fräulein Strohbach.

Viele Menschen gingen an der Bank vorbei, sie waren alle in Eile. Die Halle leerte sich. Der Heilige Abend kam jetzt aber schon mächtig in Fahrt.

»Das Futter... Die Steuer... Es geht nicht, nein, es geht nicht«, sprach Fräulein Strohbach. »Ich bekomme dreihundert Mark im Monat«, teilte sie dem Hund unnötigerweise mit, während sie – ein neuer Fehler – sentimental sein struppiges Fell streichelte und dachte: Wenn ich doch mehr bekäme, nur ein bißchen mehr! Gerade so viel, daß ich mir dich leisten könnte, denn du gefällst mir. Ich wär' nicht mehr so allein...

Und gleichzeitig dachte sie: Unsinn! Was soll das alles? Es ist einfach nicht im Budget!

Das dachte sie. Und sagte darum laut: »Ich lasse mich nicht von dir erpressen. Weißt du, was ich

mache, wenn du nicht verschwindest? Ich bringe dich zur Bahnhofswache. Ja, das tue ich, meiner Seel! Also geh schon, geh!« Aber der kleine Hund ging nicht. Und Fräulein Strohbach brachte ihn nicht zur Bahnhofswache.

Eine ganze Stunde lang saßen sie nebeneinander auf der Bank unter dem Lichterbaum der Deutschen Bundesbahn, sahen sich an, schwiegen und gedachten der Vergangenheit.

Dann sagte das Fräulein: »Du hast mir gerade noch gefehlt.«

Der kleine Hund begann wieder ihre Hand zu lekken. In der Ferne läuteten Glocken, und draußen im kalten Regen leuchteten viele Signallichter, grüne, rote und weiße.

Nun lag die Halle verlassen. Die Menschen hatten sich verlaufen. Die Bahnhofsgeschäfte schlossen. Fräulein Strohbach und der Hund saßen unter dem Lichterbaum.

Da trat ein Mann heran. Er war groß und rotgesichtig. »Verzeihen Sie«, sagte der Mann und verbeugte sich. »Würden Sie das hier wohl annehmen, liebe Dame?« Und er überreichte ein Paket und einen Briefumschlag.

Fräulein Strohbach schrak auf. »Wer sind Sie?«

»Mein Name ist Brenner«, sagte der Dicke. »Mir gehört der Delikatessenladen da drüben. Ich habe Sie beobachtet. Sie und den Hund. Schon seit einer Stunde beobachte ich Sie beide.«

»Und was ist in dem Paket?«

»Ein bißchen Schinken, ein bißchen Wurst, ein bißchen Käse, ein paar Büchsen Konserven und Brot. Ein Fläschchen Kognak, denn es ist kalt. Auch Kaffee, feiner Kaffee. Und Weintrauben...«

Der kleine Hund bellte.

»...und zwei feine Knochen«, sagte der Dicke.

Fräulein Strohbach begann zu weinen. Sie sagte leise: »Das geht nicht, nein, das geht doch nicht, Herr Brenner!«

»Ich habe Sie beobachtet«, sagte der Dicke. »Warum soll das nicht gehen?«

Fräulein Strohbach erwiderte: »Weil ich Sie nicht kenne, mein Herr.«

»Aber ich kenne Sie«, sagte der Dicke.

»Sie – mich? Und wer bin ich?«

»Sie sind das alte Fräulein, das zu dem kleinen Hund freundlich gewesen ist«, erklärte der Dicke. »Ich sehe gerne freundliche Menschen. Und freundliche Hunde. Gehen Sie nun nach Hause, liebe Dame.«

Fräulein Strohbach kramte in ihrer altmodischen Tasche und sagte: »Ich habe kein Taschentuch.«

Der Dicke gab ihr das seine. Es war blütenweiß und sehr groß.

Das Fräulein schneuzte sich und fragte: »Und was ist in dem Kuvert?«

Verlegen erwiderte der Dicke: »Fragen Sie doch nicht so viel. Das ist ein Vorschuß.«

»Vorschuß worauf?«

»Na, auf die Hundesteuer, verdammt noch mal. Die bezahle nämlich ich.«

»Nein!«

»Doch!«

»Aber wie kommen Sie denn dazu?«

»Das weiß ich auch nicht, wie ich dazu komme«, sagte der Dicke. »Aber wenn es mir nun mal Spaß macht?« Er schüttelte zuerst Fräulein Strohbach die Hand und danach dem kleinen Hund die Pfote und sagte dazu: »Fröhliche Weihnachten, Herrschaften!«

»Ein frohes Fest auch Ihnen«, sagte das Fräulein. »Sie sind ein guter Mensch, Herr Brenner.«

»Ach, Quatsch«, sagte Herr Brenner.

Der häßliche Hund bellte, und das hieß: Doch, doch!

»Komm, Kleiner«, sagte Fräulein Strohbach. »Jetzt gehen wir nach Hause.«

Nach Hause ... du lieber Gott, wie sehr freute sie sich plötzlich darauf!

Rätsel

Peterchen hat seine Schwester aus den Augen verloren und auch das Sandmännchen und Sumsemann, den Maikäfer.

Er weiß aber, daß die anderen auf der Weihnachtswiese sind. Da will er auch hin.

Der Große Bär beschreibt Peterchen den Weg. »Geh immer geradeaus«, sagte der Große Bär, »nur bei der Weggabelung mußt du aufpassen. Dort nämlich sind zwei Portale, und nur eines davon öffnet den Weg zur Weihnachtswiese, hinter dem anderen lauert der gefährliche Mondmann!«

»Und wie soll ich herauskriegen, welches das richtige Tor ist?« fragte Peterchen ängstlich.

»Vor jedem Portal stehen Lebkuchenmänner«, brummte der Bär, »wenn du die richtigen Fragen stellst... Du mußt aber wissen: Nur einer von ihnen sagt dir die Wahrheit, der andere lügt immer! So, und nun eil dich!«

Wenn du die richtigen Fragen stellst... Versonnen ging Peterchen weiter.

Zwei Fragen hatte er sich bald ausgedacht, wie er aus den beiden Lebkuchenmännern den richtigen Weg herausfragen konnte.

Kann Peterchen es auch mit *einer* Frage schaffen?

Auflösung auf Seite 143.

Quellennachweis

Gibt es einen Weihnachtsmann? in: WELT am SONNTAG vom 19. 12. 1993. Mit freundlicher Genehmigung der WELT am SONNTAG, Hamburg.

JEAN STUBBS: Schneesturm, in: Love Stories. Aus dem Englischen von Charlotte Franke, Wilhelm Heyne Verlag, München 1992. Mit freundlicher Genehmigung des Rechteinhabers.

ANNETTE WANNEMACHER: Nikolaus: Legenden und Bräuche, in: Darmstädter Echo vom 4. 12. 1993. Mit freundlicher Genehmigung der Autorin.

NATALIE BABBITT: Wie Akbar nach Bethlehem zog, in: Das Gebetbuch des Teufels, München 1994. Mit freundlicher Genehmigung des Carl Hanser Verlages, München/Wien.

HEINER UBER: Das Mysterium der Schokogenen, in: DIE ZEIT vom 10. 12. 1993. Mit freundlicher Genehmigung des Autors.

IRENE DIKKERS: Was essen wir bloß?, in: Mama wird's schon richten, Bern/München 1985. Mit freundlicher Genehmigung des Scherz Verlages, Bern und München.

Rätsel: in: Friedrich A. Sachs: Adventsgeheimnisse, München 1989. Mit freundlicher Genehmigung des Droemer Knaur Verlages, München.

ALFONS SCHUHBECK: Klingenthaler Gänsekeulen, in: STERN vom 16. 12. 1993. Mit freundlicher Genehmigung des Autors.

WERNER SCHNEYDER: Abschied vom Karpfen, in: Abschied vom Karpfen, München 1986. Mit freundlicher Genehmigung des Kindler Verlages, München.

ROSWITHA HAMADANI: Edgars Weihnachtsfest; in: Zeitbomben, Baden/Wien 1979. Mit freundlicher Genehmigung des Verlages G. Grasl, Baden/Wien.

UMBERTO ECO: Brief an meinen dreijährigen Sohn, in: Platon im Striptease-Lokal. Aus dem Italienischen von Burkhart Kroeber, München 1990. Mit freundlicher Genehmigung des Carl Hanser Verlages, München/Wien.

O. HENRY: Das Geschenk der Weisen. Aus dem Amerikanischen von Theo Schumacher. Mit freundlicher Genehmigung von Langewiesche-Brandt, Ebenhausen bei München.

DOROTHEE SÖLLE: Lob in der schrecklichen Weihnachtszeit, in: Fliegen lernen. Gedichte, Berlin 1979. Mit freundlicher Genehmigung des Wolfgang Fietkau Verlages, Berlin.

CHRISTINE NÖSTLINGER: Weihnachtsgaben im Rückblick, in: Haushaltsschnecken leben länger, St. Pölten/Wien 1985. Mit freundlicher Genehmigung des Niederösterreichischen Pressehauses, St. Pölten/Wien.

DAPHNE DU MAURIER: Fröhliche Weihnachten, in: Weihnachten erleben, Rastatt 1985 und 1988. Mit freundlicher Genehmigung des Diana Verlages (Verlagsunion Pabel-Moewig KG, Rastatt).

AXEL FROHN, in: Ein Tag im Leben eines Weihnachtsmannes*, in: DIE ZEIT vom 3. 12. 1993. Mit freundlicher Genehmigung des Autors.

ANDRÉ KAMINSKI: Der Weihnachtsmann, in: Flimmergeschichten, st 2164, Frankfurt am Main 1990. Mit freundlicher Genehmigung des Insel Verlages, Frankfurt am Main.

JOHANNES MARIO SIMMEL. Der schlimmste Tag des Jahres, in: Zweiundzwanzig Zentimeter Zärtlichkeit, Locarno 1979. Mit freundlicher Genehmigung des Verlages Schoeller & Co., Locarno.

---

* Titelformulierung der Herausgeber

Auflösungen:

Seite 44: Tante Sophie legte ihren Keks zu den anderen. Jetzt geht's: So bekommt Peter die Hälfte, also 20, Klara ein Viertel, nämlich 10, Klaus ein Achtel, also 5, und Suse ihr Zehntel, also 4. 20+10+5+4=39. Der Mandelkeks, den Tante Sophie für sich reserviert hat, bleibt übrig.

Seite 60:

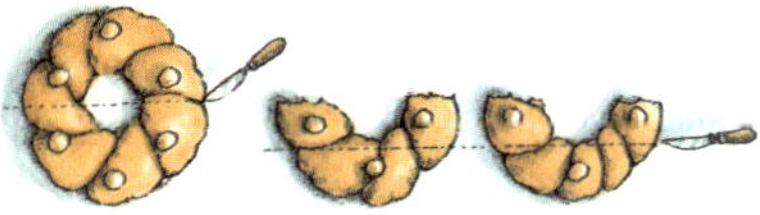

Seite 74: Mit dem Teddy von Petrus geht die Rechnung auf; 17+1=18, die Hälfte der Schleifchen ist rot (9), ein Drittel blau (6) und ein Neuntel gelb (2) – zusammen 17. Und der von Petrus erhält sein grünes Schleifchen.

Seite 141: Mit zwei Fragen ist es leicht. Erste Frage: »Sagst du die Wahrheit, wenn...« Beide antworten mit »Ja«. Zweite Frage: »Würde der andere Lebkuchen dasselbe sagen?«

Wer jetzt mit »Ja« antwortet, sagt die Wahrheit, denn der Lügner müßte »Nein« antworten. Jetzt kennt Peterchen den Weg.